AF522795

MANA

In der Abenteuer REISEN-Reihe bisher erschienen:

Geliebtes **Australien**
Barbara Barkhausen
978-3-95503-012-4

Verrücktes **Australien**
Daniel Kramer
978-3-95503-032-2

Geliebtes **Kanada**
Marc Lautenbacher
978-3-95503-051-3

Geliebtes **Griechenland**
Kurt Schreiner
978-3-95503-054-4

Geliebtes **Brasilien**
Klaus D. Günther
987-3-95503-064-3

Fremdes **Japan**
Thomas Bauer
978-3-95503-095-7

Fremdes **Neuseeland**
Ann Kathrin Saul
978-3-95503-098-8

Fremder **Iran**
Iris Lemanczyk
978-3-95503-107-7

Fremde **Mongolei**
Bernhard Wulff
978-3-95503-110-7

Wild **Roadtripp**
Mathias Vatterodt
978-3-95503-119-8

Fernsucht
Rolf Wilhelm Stärk
978-3-95503-171-8

Walk it off
Ann Kathrin Saul
978-3-95503-174-9

Lateinamerika
Bernhard Wulff
978-3-95503-206-7

Libanon
A. u. U. Kirchhefer
978-3-95503-246-3

Ganz woanders
Carsten Peters
978-3-95503-251-7

Alle Bücher sind auch als E-Book erhältlich.

Bibliografische Information der Deutschen Nationalbibliothek
Die Deutsche Nationalbibliothek verzeichnet diese Publikation in der Deutschen Nationalbibliografie. Detaillierte bibliografische Daten sind im Internet unter http://dnb.dnb.de abrufbar.

Titelfotos: Giovanni Calia, unsplash (Torero); Daniele Levis Pelusi, unsplash (Tomate); Floortje, iStock (Tapas). Fotos im Bildteil: Hanna Hommes, wenn nicht anders bezeichnet
Umschlagentwurf, Satz und Layout: MANA-Verlag
Druck: Dardedze, EU
ISBN: 978-3-95503-250-0

Hanna Hommes

Spanien

Von Tapas, Toreros & Tomaten

Inhalt

Einführung

Das türkisfarbene Wasser wogt in sanften Wellen und prallt gleichmäßig an die grün bewachsenen Felsen der mediterranen Costa Brava. Auf den Weinfeldern der katalanischen Küstenebene haben die warmen Sonnenstrahlen des spanischen Sommers längst die knorrigen Pflanzen zum Treiben, Grünen, Blühen, gebracht. In Barcelona lässt sich die Hitze des Hochsommers gut an der Barceloneta, dem Stadtstrand, oder in einem der klimatisierten Museen aushalten. Die Kunstwerke des wichtigsten Künstlers der Stadt, dem Architekten Antoni Gaudí, stehen allerdings unter blauem Himmel, quer verstreut über das Zentrum dieser riesigen, quirligen, modernen Metropole. Auch abseits der Großstadt geht es dynamisch zu, wenn die Sardanas getanzt werden und die Castellers zu spektakulär hohen Türmen mit mehreren Etagen aufeinander klettern.

Währenddessen schwingen sich im Norden des Landes Surfer auf ihre Bretter und reiten die stürmischen Wellen des Atlantiks, im Hintergrund grasen die Kühe auf dunkelgrünen Weiden, schweben Wolken die stillen Berge hinauf. Das Anbranden des Wassers am Strand ist Musik in den Ohren der Meditierenden und Yogis, während sich etwas weiter südlich die ersten Pilger auf den Weg in Richtung Santiago de Compostela machen, alleine und in Stille oder gemeinsam und gemütlich schwatzend. Seit Beginn ihrer Reise im französischen Saint-Jean-Pied-de-Port baumelt an ihren Rucksäcken die Jakobsmuschel, das gemeinsame Erkennungszeichen der Wanderer auf dem Jakobsweg.

Auch an der andalusischen Costa de la Luz prägen die Wellen des Atlantiks das Erscheinungsbild der sandigen Küstenlandschaften. Im Hinterland ist es so viel trockener, Olivenhaine stehen auf gelblichbrauner Erde, bis zum Horizont. Auf den Bäumen hocken Zikaden, deren Zirpen so laut ist, dass die Ohren es kaum aushalten. Unter

Stein- und Korkeichen grasen iberische Schweine, deren Schinken später auf den Tellern der Tapasliebhaber in den Bars und Restaurants ganz Spaniens landen.

Die Tapas, die gehören nun mal dazu, zum Leben in Spanien, auch wenn sie regional ganz unterschiedlich aussehen und nicht die einzigen Delikatessen sind, die das Land hervorgebracht hat. Der Cocido Madrileño ist vielleicht nur etwas für Fleischliebhaber, aber spätestens beim Verzehr von Paella, Pulpo a la gallega oder den Gambas al ajillo schlagen auch die Herzen der Fischliebhaber höher. Der Süden Spaniens hat mit seiner kalten Gemüsesuppe, der Gazpacho andaluz, einen Verkaufsschlager geschaffen, der insbesondere für Vegetarier interessant sein dürfte.

Der Süden: Die weißen Dörfer der andalusischen Sierra boten einst das perfekte Versteck für die Bandoleros, die Banditen, die von hier aus heldenhafte Überfälle unternahmen, von denen noch heute gesprochen wird. Jahrzehnte später wanderte auch Ernest Hemingway durch die mit Kopfstein gepflasterten Straßen dieser Dörfer, auf den Spuren der Stierkämpfer, die besonders in Ronda auftraten, wo eine der ältesten Stierkampfarenen Spaniens steht. Sie ist äußerst gut erhalten und vermittelt eindrucksvoll die Leidenschaft, die in Spanien mit dieser seit Generationen überlieferten Tradition verbunden ist. Leidenschaft, ja, aber nicht ohne Kontroverse, denn längst schon haben sich zahlreiche Kritiker zu Wort gemeldet, nicht zuletzt, um den Umgang mit den Toros Bravos, den schwarzen, mutigen Kampfstieren zu kritisieren und die Tradition als solche in Frage zu stellen.

Trotz aller Kritik sind Stiere noch Teil zahlreicher Volksfeste, wie zum Beispiel den Sanfermines in Pamplona, bei dem es Brauch ist, die Stiere durch die Straßen bis hin zur Stierkampfarena zu treiben. Genauso laut und bunt geht es bei anderen Volksfesten zu, und das nicht nur zur Zeit des bekannten Karnevals im südlichen Cádiz oder den valencianischen Fallas. Weniger laut, dafür genauso leidenschaftlich, gehen die Prozessionen der Gläubigen zu Ostern vonstatten. Insbesondere Sevilla zieht immer wieder Touristen aus dem ganzen Land an, die den stimmungsvollen Umzügen beiwohnen und in bewundernde Stille verfallen, wenn die Träger die schweren, hölzernen Altäre mit den Figuren von Maria, Jesus oder den Schutzheiligen der einzelnen Gemeinden auf ihre Schultern wuchten und durch die Straßen tragen.

Ein ganz anderes Fest, die Tomatina, die alljährlich im valencianischen Buñol stattfindet, zieht auch internationales Publikum in beträchtlicher Zahl an. Dass man sich dort absolut freiwillig in eine riesige, matschige Tomatenschlacht begibt, ist schon etwas Besonderes. Das Wurfmaterial, die Tomaten, stammen aus dem ganzen Land, wenn auch eine Region besonders für den Export von Tomaten bekannt geworden ist: Die endlos weiten Flächen der weißen Gewächshausplanen rund um die Stadt El Ejido im östlichen Andalusien sind sogar aus dem Weltall sichtbar.

Der wichtigste Rohstoff dort ist wohl das Wasser, ohne das Tomaten, Gurken, Zucchini & Co erst gar nicht wachsen könnten. Dass die außerordentlich trockene Region so erfolgreich Landwirtschaft betreiben kann, ist auch Francisco Franco zu verdanken, dem Diktator Spaniens, der das Land von 1939 bis 1975 regierte und die Reformierung der hydrologischen Infrastruktur zur Priorität erklärte. Ganz und gar nicht ruhmreich sind die Gräueltaten der franquistischen Regierung, die bis heute noch nicht vollständig aufgearbeitet sind.

Doch Spanien befindet sich in ständiger Veränderung, einmal mehr in Katalonien, wo seit 2014 verstärkt Bemühungen stattgefunden haben, sich von Spanien abzuspalten. Der katalanische Wunsch nach Selbstbestimmung ist dort noch präsenter als in Galicien und dem Baskenland, zwei Regionen, die ebenfalls ganz eigene kulturelle und sprachliche Traditionen pflegen. Die Sprachenlandschaft Spaniens ist äußerst vielfältig: Das Baskische und das Galicische sind zwei weitere Sprachen, die neben dem Spanischen in den jeweiligen Comunidades den Status von offiziellen Amtssprachen haben.

Auf den Kanarischen Inseln hingegen spricht man lediglich Dialekte des Spanischen; zahlreiche kulturelle Besonderheiten gibt es allerdings auch hier: In der schwarzen Vulkanlandschaft Lanzarotes stehen die weißen Bauwerke César Manriques, der für die Ursprünglichkeit der Insel gekämpft und sich für den Erhalt der Naturlandschaft dort eingesetzt hat. Lanzarote wie auch die anderen kanarischen Inseln ist vulkanischen Ursprungs und für Natur- und Wanderfans ein Paradies. Über das schwarze, poröse Gestein lässt sich gut wandern, zum Beispiel hinauf auf Spaniens höchsten Berg, den Teide. Sein Gipfel thront über den Wolken Teneriffas, die sich doch häufig verziehen und besonders im Süden der Insel die Sonne durchlassen. Sie erwärmt schnell den schwarzen Sand der Strände, auf denen das leuchtend blaue Wasser weiß spritzend anlandet.

Eines dürfte vielleicht bereits jetzt deutlich geworden sein: Spanien ist nicht gleich Spanien. Dieses Land ist so vielfältig wie die Kulturen, die im Laufe seiner langen Geschichte Einfluss genommen haben und so vielfältig wie die Menschen, die dort leben. In Städten wie Córdoba und Granada lässt sich anhand römischer Ruinen, mittelalterlicher Stadtmauern und maurischer Paläste die wechselvolle Geschichte eindrucksvoll nachvollziehen. Durch die prachtvollen Straßen Sevillas klingt der ein oder andere Flamenco, der dort in einer regionalen Variante, den Sevillanas, gepflegt wird. Er ist nicht nur in der großen Gemeinschaft der spanischen Roma ein wichtiges Kulturgut.

Ich möchte Sie auf eine Reise durch Spanien einladen, die diese und weitere Eindrücke streift. Es sind Themen, Orte und kulturelle Besonderheiten, die mir als Praktikantin, Studentin und Reisende in Spanien begegnet sind und die mich als Spanischlehrerin auch heute noch beschäftigen. Die Darstellung erhebt keinen Anspruch auf Chronologie, aber doch auf Relevanz und Aktualität. Das Buch darf damit auch von hinten nach vorne oder querbeet gelesen werden, das ist ganz Ihnen überlassen. Ich freue mich, wenn Sie mir auf meinem Spaziergang durch dieses spannende Land folgen.

Viel Spaß beim Lesen!

Nicht nur Hape Kerkeling kann das: Pilgern auf dem Jakobsweg

Wer hat nicht schon einmal von ihm gehört, spätestens seit Hape Kerkeling in seinem Buch „Ich bin dann mal weg" von ihm berichtete: dem Camino de Santiago, in Spanien auch einfach *Camino* genannt, zu deutsch Jakobsweg. Er ist der bekannteste Fernwanderweg weltweit, Sehnsuchtsziel vieler Menschen, die zu Hause sitzen und denken: „Was Hape kann, kann ich vielleicht auch. Einmal im Leben auf dem Jakobsweg pilgern, das wär's!"

Ich selbst bin begeisterte Wanderin, konnte mir vorstellen, auf einem Fernwanderweg unterwegs zu sein, lange bevor ich tatsächlich zum ersten Mal auf dem berühmtesten aller Wege wandere. Es ist April, kurz nach Ostern, als meine Kollegin und ich mit einer Gruppe Schülern auf Austauschfahrt in Pamplona im Norden Spaniens sind. Zum Programm gehört – nach drei Jahrzehnten Austauschhistorie – die Wanderung einer Etappe des Camino de Santiago.

Während die Schüler sich angesichts der langen Wanderung eher skeptisch verhalten (um es milde auszudrücken), freuen wir Lehrerinnen uns seit langem auf diesen Tag an der frischen Luft, in Bewegung. Am Haus unseres spanischen Kollegen Chris geht es los. Chris ist eigentlich kein Spanier, sondern Engländer mit griechisch-zypriotischen Wurzeln, lebt allerdings seit 25 Jahren in Spanien und unterrichtet Englisch an unserer Partnerschule, einem privaten Gymnasium in Pamplona. Ein echter Camino-Experte ist er in jedem Fall, denn er ist den gesamten Pilgerweg bereits zweimal gegangen, die uns heute bevorstehende Etappe von Pamplona nach Puente la Reina sogar schon achtunddreißig Mal! Schuld daran ist nicht nur sein persönliches Interesse für den Weg, sondern, dass er neben unserem – jährlich stattfindenden – Austausch auch noch die englische Austauschgruppe betreut, für die die Etappe des Camino ebenfalls zum Standardprogramm gehört. Der Mann ist also mehr als erfahren.

Wer den kompletten Weg läuft, legt übrigens 800 Kilometer zurück, jedenfalls wenn er den sogenannten Camino Francés wählt. Dieser wird klassischerweise als Camino bezeichnet, allerdings gibt es neben ihm ein ganzes Wegenetz von Jakobswegen, das sich über ganz Europa erstreckt. Sollten Sie also bereits vor Ihrer eigenen Haustür ein Hinweisschild auf den Jakobsweg entdeckt haben, war das keine Einbildung, sondern Hinweis auf einen der nach Spanien führenden Wege. Ein wenig bekannter sind allerdings weitere fünf Wege in Spanien, die allesamt nach Santiago de Compostela führen. Dass diese Jakobswege noch als Geheimtipps gelten, sieht man auch an der prozentualen Verteilung von Wanderern im Jahr 2018: Nur 16,4 Prozent wählen den Caminho Portugues, der in Portugal beginnt, und weitere 6 Prozent laufen den Camino del Norte, der parallel zum Camino Francés – allerdings direkt an der Küste – verläuft. Darüber hinaus gibt es noch den in Sevilla beginnenden Vía de la Plata und den Camino Primitivo im Norden Spaniens, der mit seinen 300 Kilometern relativ kurz ist.

Wir sind heute – wie 65 Prozent aller Wanderer, die es bis nach Santiago de Compostela schaffen – auf dem Camino Francés unterwegs, dem „Französischen Weg", dessen Name übrigens daher stammt, dass er in Frankreich, kurz hinter der Grenze in einem Ort namens St-Jean-Pied-de-Port beginnt. Das Wetter ist heute wunderbar: Es geht ein leichter Wind, der Himmel ist blau, aber es ist noch nicht zu heiß. „Im Frühling und Herbst", sagt Chris, „ist der Weg am schönsten. Dann ist es noch nicht so heiß wie im Sommer." Das wissen offensichtlich auch einige andere, denn bereits auf den ersten Metern überholen uns Wanderer, die uns eine erfolgreiche Wanderung wünschen: „Buen Camino" antworten wir, denn wie man beim Verlassen eines Geschäfts oder Restaurants „Auf Wiedersehen" wünscht, wünscht man sich hier eben einen „Guten Weg". Wir Lehrerinnen freuen uns übrigens über diesen häufig genutzten Wandergruß besonders, denn nach der Austauschfahrt können sich unsere Schüler immer besonders gut merken, dass im Spanischen einige Adjektive vor männlichen Substantiven verkürzt werden: „Gut" ist hier nicht mehr „bueno", sondern taucht nur in seiner verkürzten Form, „buen", auf. Das Sprachenlernen ist einfach viel leichter, wenn man sich im jeweiligen Land aufhält!

Nach einer kurzen ersten Verschnaufpause setzt sich die Schülergruppe eher schleppend in Bewegung, aber Chris treibt alle an: „Wir haben später noch genügend Zeit, uns auszuruhen! Vamos, los geht's!" Entlang des Weges gibt es Cafés, deren Angebot auf Wanderer ausgerichtet ist. Es gibt dort Wasser, frisches Obst und Sandwiches, genauso wie Blasenpflaster, Deodorant und Sonnencreme, die man sich aus einem Automaten ziehen kann. Die täglichen Wegstrecken können für ungeübte Wanderer eine hohe Belastung darstellen, da sie zwischen 20 und 30 Kilometer lang sind. Der gesamte Weg beträgt 800 Kilometer. Kaum zu glauben, dass ein Wanderer 8 Wochen unterwegs wäre, wenn er 2 Ruhetage pro Woche einlegte! Viele Pilger schaffen den Weg aber schneller. Gut ist, dass sie bei der Wahl ihrer Etappenziele relativ flexibel sind, denn Pilgerunterkünfte – Hotels, Pensionen, Jugendherbergen – gibt es fast überall entlang des Weges. Einen besonderen Luxus sollte man dort allerdings nicht erwarten, denn sie bestehen oft nur aus einem großen Schlafsaal, ganz nach der Tradition des Camino.

Apropos Tradition: Seit über 1.000 Jahren machen sich Pilger bereits auf den Weg zum Grab des Apostels Jakobus in Santiago de Compostela, der Hauptstadt Galiciens im nordwestlichsten Teil Spaniens. Jakobus der Ältere war einer der 12 Apostel von Jesus Christus und predigte nach seiner Auferstehung auf der Iberischen Halbinsel. Später wurde er von den Königen Asturiens und Leóns zu ihrem Schutzheiligen benannt. Der Jakobsweg war deshalb bereits im 10. und 11. Jahrhundert nach Christus bekannt und beliebt. Nach dem Bau einer Kathedrale um das Grab des Jakobus im 12. Jahrhundert stieg die Zahl der Pilger sogar noch an. Als den Pilgern im 15. Jahrhundert dann vollkommener Sündenerlass versprochen wurde, wenn sie es bis nach Santiago schafften, gab es sozusagen kein Halten mehr. Diese Euphorie erfuhr durch die Reformation und die allgemeine Säkularisierungswelle in Europa einen Dämpfer, jedoch nur solange, bis drei Päpste sich der Sache höchstpersönlich annahmen und das Grab in Compostela besuchten: Papst León XIII. (1884),

Johannes Paul II. (1982 und 1989) und Benedikt XVI. (2010). Alle paar Jahre kommen besonders viele Pilger, nämlich immer dann, wenn der Namenstag des Apostels Jakobus auf einen Sonntag fällt und deshalb ein Heiliges Jahr gefeiert wird.

Der Weg ist also eine echte Berühmtheit. Seit geraumer Zeit laufen wir und werden immer wieder von anderen Wanderern überholt. Immer besser kann ich mir jetzt vorstellen, wie viele Pilger es aufs Jahr gerechnet sind: Allein 2018 haben es 327.378 Pilger bis nach Santiago geschafft – allerdings auf allen Jakobswegen zusammengerechnet.

Ich muss daran denken, dass genau hier einst auch Hape Kerkeling gewandert ist. Ich frage die Schüler, ob sie ihn kennen, aber ich blicke in ratlose Gesichter: „Hape was? Haben wir vielleicht schon mal von unseren Eltern gehört..." Überrascht erzähle ich ihnen, dass der Camino auch wegen dieses berühmten Entertainers zusätzliche Bekanntheit erlangt hat. In seinem Buch „Ich bin dann mal weg" beschreibt er seine Pilgerwanderung auf dem Camino im Jahre 2001. Das Buch wurde zum Bestseller, ins Niederländische und Englische übersetzt und mit bekannten Schauspielern wie Devid Striesow und Martina Gedeck verfilmt. Der sogenannte „Kerkeling-Effekt" beschreibt übrigens den überproportionalen Anstieg deutscher Pilger nach der Veröffentlichung des Buches. Außer Kerkeling ist auch Paulo Coelho gepilgert und hat anschließend in seinem Buch „Auf dem Jakobsweg: Tagebuch einer Pilgerreise nach Santiago de Compostela" darüber berichtet.

Genau wie Kerkeling damals nehmen die Schüler auch heute während des Wanderns und der Verschnaufpausen Kontakt mit anderen Wanderern auf, und auch wir Erwachsenen haben bereits die eine oder andere nette Bekanntschaft gemacht. Das geht auf dem Camino sehr schnell, denn es ist, als ermöglichte das gemeinsame Ziel ein spezielles Gemeinschaftsgefühl. Wandern ist hier nicht einfach nur Wandern, es ist auch interkulturelle Begegnung. Wir treffen Pilger aus den verschiedensten Nationen. Tatsächlich ist in der offiziellen Statistik zum Camino 2018 nachzulesen, dass die Pilger 173 verschiedene Nationalitäten hatten. Deutschland steht dabei mit 7,7 Prozent an dritter Stelle hinter Italien (8,3 Prozent) und Spanien (44 Prozent).

Hape Kerkeling wanderte übrigens, nachdem er eine Operation der Gallenblase überstanden und einen Hörsturz erlitten hatte. Mich interessieren die Motive der anderen Wanderer und so frage ich Chris danach, während wir den steilen Anstieg hinauf zum Monumento del Perdón auf gut 1.000 Metern Höhe bewältigen. Dort oben werden wir verschnaufen und den Ausblick über die weite, hügelige Landschaft genießen. „Die Gründe für eine Wanderung können ganz unterschiedlich sein", sagt Chris. „Meistens gibt es einen religiösen Hintergrund, manchmal auch einen spirituellen. Der Weg gibt einem die Möglichkeit, viel Zeit alleine zu verbringen und nachzudenken. An seine körperlichen Grenzen zu gehen hilft den Leuten, zu sich zu finden."

Dass der Weg eine besondere sportliche Herausforderung sein kann, merken wir auf den letzten Metern, die es steil den Hügel hinaufgeht. Bereits jetzt, im April, knallt die Sonne auf unsere Köpfe und wir schwitzen! Immer wieder überholen uns, auch an steileren Abschnitten, einzelne Radfahrer. Auch das habe ich gelernt: Nicht alle Pilger laufen, manche sind auf dem Mountainbike oder mit dem Pferd unterwegs. Laut Statistik haben im letzten Jahr sogar 79 Menschen im Rollstuhl Santiago de Compostela über den Jakobsweg erreicht.

Und dann ist es endlich soweit, wir erreichen die Spitze des Hügels und das Denkmal, das hier anstelle einer ehemaligen Basilika mit Hospital errichtet wurde und aus bronzefarbenen Figuren von Menschen und Tieren besteht. Sie stehen schief und wirken, als versuchten sie gegen den starken Wind anzukämpfen, der hier oben weht. Wind scheint es hier immer zu geben, denn hinter uns zieht sich eine Kette riesiger Windkrafträder den Kamm des Berges entlang. Hier unten hören wir die zischenden Geräusche, die sie im Wind machen.

Der Blick über die unendlichen Weiten der Landschaft, die grünen und grün-beigen Hügel in der Ferne, lässt uns daran denken, wie weit es noch bis Santiago de Compostela ist. Auch die Schüler drücken jetzt ihren Respekt aus gegenüber denen, die es bis zum Ende schaffen. Angesichts unseres ehrlich gemeinten Lobs und dem eigenen Stolz über die ersten Erfolge als frisch gebackene Wanderer beginnen einige von ihnen, uns über den Camino auszufragen. Wir erzählen, dass es in Santiago de Compostela einen letzten Stempel für den Pilgerpass gibt. Dieser Pass wird auf Spanisch „Credencial“ genannt und enthält freie Felder für die Stempel, die die Pilger nach den einzelnen Etappen erhalten. Die ersten bekommen leuchtende Augen – sie haben doch tatsächlich Feuer gefangen und überlegen, wann sie den Weg selbstständig laufen können!

Wir folgen auf unserem weiteren Weg stetig den Umrissen der Jakobsmuschel, die im Boden eingelassen oder auf den Schildern abgebildet ist. Die Muschel, auf Spanisch auch „Concha“ genannt, ist das Erkennungszeichen der Pilger, und so trägt jeder von ihnen eine eigene am Rucksack. Und warum gerade eine Muschel? Aufgrund der Ähnlichkeit im Namen wurde die Jakobsmuschel posthum dem heiligen Jakobus zugeordnet. Bereits im Mittelalter nutzten die Pilger die Muschel daher als Symbol, das auch nach der Rückkehr in ihre Heimat von ihrem Erfolg zeugte. Die Wanderer können sie heute in den Souvenirläden entlang des Weges oder in der sogenannten Caminoteca in Pamplona kaufen – einem kleinen Geschäft, das speziell auf den Bedarf der Pilger abgestimmt ist. Dort findet man neben allerlei Souvenirs auch Rucksäcke, Wanderstöcke, Wanderschuhe, Kosmetika in Reisegrößen, Blasenpflaster und andere nützliche Dinge.

Trotz der Begegnungen mit anderen Pilgern gibt es für uns auf dem folgenden Weg viele Momente, in denen wir die Natur verstärkt wahrnehmen und genießen können. Wir kraxeln über Geröllfelder, laufen an im Wind wogenden Weizenfeldern entlang, vorbei an Mandelbäumen und über plätschernde Bäche. Auch durch kleine, ursprüngliche Dörfer führt der Weg. In einem halten wir an und genießen in der dunklen, altertümlichen Kneipe ein billiges und einfaches, aber unheimlich leckeres, typisch spanisches Mittagessen – inklusive Hauswein für die, die wollen. Diese Regelung gilt natürlich nicht für die Schüler!

Dann ist es fast geschafft. Die letzte halbe Stunde geht es bergab, bis wir schließlich in Puente la Reina ankommen, wo wir die wunderschöne Brücke aus dem 11. Jahrhundert anschauen und uns den wohlverdienten ersten Stempel für unseren noch leeren Pilgerpass abholen. Was für ein Gefühl, es bis hierher geschafft zu haben!

Für uns ist heute hier Schluss, aber die Schüler würden doch tatsächlich, fast ohne Ausnahme, am liebsten morgen weiterlaufen. Sie machen uns halb ernst gemeinte Angebote: „Wenn Sie uns in der Schule beurlauben, dann…“ Aber wir schütteln den Kopf: „Ihr müsst wiederkommen, in den Ferien!“ Innerlich müssen wir natürlich lachen, denn nur zu gut erinnern wir uns an die Skepsis der letzten Tage, als wir ankündigten: Am Donnerstag wird gewandert!

Das also schafft der Camino, und zwar jedes Jahr aufs Neue: Menschen zu motivieren, in einer wunderschönen Umgebung über die eigenen Grenzen zu gehen, dabei zu sich zu finden und auch zueinander zu finden. Er schafft es auch, den Missmut von Generationen von Schülern in Enthusiasmus und ungeahnte Energien zu verwandeln und leistet einen echten Beitrag zur Völkerverständigung. Das alles ist einfach einmalig. Danke, Camino, dass es dich gibt!

Der Jakobsweg in Film und Literatur

Der Jakobsweg ... zum Schauen:

- *Ich bin dann mal weg.* Regie: Julia von Heinz. 2015 (Spielfilm)
- *Dein Weg* (Originaltitel: *The Way*). Regie: Emilio Estevez. 2010 (Spielfilm)
- *Nur die Füße tun mir leid: 900 Kilometer Jakobsweg.* Regie: Gabi Röhrl. 2019 (Dokumentation)
- *Camino de Santiago: Ein Film entlang der Pilgerroute nach Santiago de Compostela.* Regie: Jonas Frei, Manuel Schweizer. 2015 (Dokumentation)
- *Ich trag dich bis ans Ende der Welt.* Regie: Christine Kabisch. 2010 (Spielfilm)
- *Footprints: Der Weg deines Lebens.* Regie: Juan Manuel Cotelo. 2018 (Dokumentation)
- *Saint Jacques ... Pilgern auf Französisch.* Regie: Coline Serreau. 2005 (Spielfilm)
- *Looking for infinity: El Camino.* Regie: Aaron C. Leaman. 2015 (Spielfilm)
- *Jakobsweg: Die Seele atmen lassen.* Regie: Volker Wischnowski. 2007 (Dokumentation)
- *Pilgern auf dem Jakobsweg: Sechs Wege nach Santiago.* Regie: Lydia Smith. 2016 (Dokumentation)
- *Der Jakobsweg: Ein Weg und seine Pilger.* Regie: Frederick Forell. 2017 (Dokumentation)
- *Paulinchens Jakobsweg.* Regie: Timian Hopf, Florian Schneider. 2016 (Dokumentation)
- *Paulo Coelho: Der Weg des Magiers.* Regie: Daniel Augusto. 2016 (Spielfilm)

Der Jakobsweg ... zum Lesen:

- Hape Kerkeling. *Ich bin dann mal weg: Meine Reise auf dem Jakobsweg.* Piper, 2017.
- Paulo Coelho. *Auf dem Jakobsweg: Tagebuch einer Pilgerreise nach Santiago de Compostela.* Diogenes, 2007.
- Laura Weber. *Das Glück wartet am Wegesrand: Ein Jakobsweg-Roman.* Bastei Lübbe, 2020.
- John Brierley. *Jakobsweg - Camino de Santiago: Der weltberühmte Pilgerweg. Information und Inspiration für die äußere und innere Reise.* Terzium, 2018.
- Eduard Freundlinger. *Wie ich vom Weg abkam, um nicht auf der Strecke zu bleiben: Meine Pilgerreise.* Allitera Verlag, 2016.
- Renate Florl. *101 Dinge, die man über den Jakobsweg wissen muss.* Fun Facts für Pilger über den Camino, alles über die Planung und das Pilgern, verpackt mit viel Humor. Bruckmann Verlag, 2019.

Der Jakobsweg ... zum Wandern:

- Kompass Wanderführer. *Jakobsweg Spanien: Wanderführer mit Tourenkarten und Höhenprofilen.*
- Rother Wanderführer. *Spanischer Jakobsweg: Von den Pyrenäen bis Santiago de Compostela.* 42 Etappen. Mit GPS-Tracks.
- Outdoor Pilgerführer. *Spanien: Jakobsweg Camino Francés.*
- Outdoor Basiswissen für draußen. *Pilgern auf den Jakobswegen.*

Von Gastfreundschaft, Feuerteufeln und einem besonderen Künstler auf Lanzarote

Das Flugzeug setzt mit einem lauten Knallen auf der Landebahn des Flughafens in Arrecife, Lanzarote, auf. Hinter den Fenstern, jenseits des grauen Asphalts, glitzert das dunkelblaue Meer. Der Flieger dreht eine Runde auf der Landebahn, so dass der Blick auf ein paar karge, trockene Hügel frei wird. Das also ist Lanzarote, denke ich, und kann kaum glauben, dassich auf dieser kleinen Insel nun ganze vier Wochen verbringen werde. Dass das Praktikum an einer Schule in Spanien stattfindet, ist nicht vorgesehen, aber möglich. Und wenn etwas möglich ist, warum es dann nicht auch versuchen? Und zwar dort, wo man normalerweise nur Urlaub macht!

Mit Optimismus und Vorfreude begann ich und schrieb Bewerbungen an verschiedene Schulen auf allen sieben kanarischen Inseln: Teneriffa, Lanzarote, El Hierro, La Palma, Gran Canaria, La Gomera und Fuerteventura. Eine kleine öffentliche Schule in Arrecife, der Hauptstadt Lanzarotes, antwortete schnell: Gerne dürfte ich kommen, das sei gar kein Problem! Aufgeregt bucthe ich Flug und Unterkunft für die ersten Tage, bevor es auch schon losging.

Ich lande in Arrecife, zwei Tage bevor das Praktikum beginnen soll. Voller Enthusiasmus beziehe ich das kleine Hotel, das ich in der Nähe der Schule gebucht habe. Leider ist es nicht ganz so, wie ich es mir vorgestellt habe: Ich scheine die einzige Touristin dort zu sein, und die mit schummrigem Licht beleuchteten und mit dunkelrotem Teppich gepolsterten Wände sind nicht besonders gemütlich – eher unheimlich. Nachts höre ich Geräusche hinter den dünnen Wänden und Schritte in den Gängen, die sich anhören, als sei ich in einem Bordell gelandet und nicht in einem Hotel für Touristen. Ich beschließe, zwei Tage auszuhalten, immerhin ist der Preis günstig!

Dann ist es endlich soweit: Aufgeregt mache ich mich am Montagmorgen auf den Weg in die Schule. In spanischen Schulen ist es üblich, dass die Eingangstore kurz nach Beginn der ersten Stunde verschlossen werden, so dass Spätankömmlinge an zentraler Stelle in Listen vermerkt und Wiederholungstäter entsprechend sanktioniert werden können. So stehe ich nun hinter dem Gitter, ein wenig ratlos, wie ich nun auf mich aufmerksam machen soll. Irgendwie schaffe ich es dann aber und werde eingelassen. Geradeaus sei das Lehrerzimmer, sagt der Hausmeister, dort solle ich mich mal vorstellen. Mein Gang dort hineinr ist dann ein Sprung ins kalte Wasser, denn ich kenne hier niemanden und an meinen Spanischkenntnissen zweifle ich plötzlich auch. Wer ungefähr weiß, wie schnell Spanier sprechen – besonders die, die in Eile sind (und das sind Lehrer sowieso immer), kann sich vielleicht vorstellen, wie ich mich fühle...

Doch ich habe Glück: Der erste Lehrer, den ich anspreche, stellt mich allen anderen vor, die an uns vorbeikommen, so dass ich nicht zwanzig Mal wiederholen muss, wer ich bin und warum ich hier bin. Alle sind außerordentlich freundlich zu mir und begrüßen mich mit einem Küsschen auf die rechte und linke Wange. Dass sich hier von Beginn an alle duzen ist anders als in Deutschland, aber üblich für Spanien, wo selbst die unbekannte Kassiererin an der Kasse des Supermarktes geduzt wird und der eigene Chef beziehungsweise Schuldirektor sowieso. Besonders schön finde ich, dass auch die Schüler ihre Lehrer mit Vornamen ansprechen.

Dann werde ich ins Büro der Direktorin geführt, die ihren Kollegen in Punkto Freundlichkeit in nichts nachsteht und mich fragt, wo ich denn untergekommen sei. Als ich ihr vom Hotel erzähle, rümpft sie die Nase und sagt: „Das Hotel kenne ich. Es ist kein guter Ort für ein junges Mädchen wie dich!“ Sie nimmt mich am Arm und führt mich ins Lehrerzimmer: „Hört mal alle her: Dies ist unsere neue Praktikantin und sie wohnt im Hotel Soundso in der Altstadt und sie sucht eine Unterkunft. Bei wem kann sie wohnen?“ Erstaunt schaue ich sie an, aber ihr Blick lässt keinen Zweifel an der Selbstverständlichkeit ihrer Frage: Natürlich kümmert man sich hier um die neue Praktikantin! Tatsächlich bekomme ich sofort zwei Angebote, eines davon von Lucas, einem jungen Lehrer, der aus Gran Canaria stammt und in der Altstadt von Arrecife ein kleines Häuschen gemietet hat. Er hat ein freies Zimmer und eine wunderschöne Dachterrasse, auf der wir in den folgenden Wochen unzählige Stunden unter der kanarischen Sonne verbringen werden.

In den nächsten Wochen spazieren Lucas und ich jeden Morgen gemeinsam in die Schule. Als angehende Fremdsprachenlehrerin interessiere ich mich natürlich besonders für die Kurse, in denen Spanisch als Fremdsprache unterrichtet wird. Zufällig leitet Lucas einen Kurs, der aus sechs Chinesen, zwei Rumänen und einem Marokkaner besteht. Die Statistik der Herkunftsländer von Einwanderern in Spanien wird übrigens angeführt von Marokko, Rumänien und England. China folgt mit insgesamt etwa 190.000 Einwanderern an fünfter Stelle, direkt hinter Kolumbien und vor Deutschland. Die Präsenz der Chinesen ist auch im Stadtbild kanarischer Orte sichtbar, vor allem durch die kleinen Tante Emma-Läden, in denen es alles rund um den Haushalt gibt und die auch auf dem spanischen Festland fast immer von Chinesen geführt werden.

Die kanarischen Inseln bestehen aus sieben Inseln, die gemeinsam die Comunidad Autónoma Canarias bilden, eine der 17 spanischen autonomen Gemeinschaften, die ähnlich wie unsere deutschen Bundesländer eine eigene Verwaltung haben. Über diese sieben Hauptinseln mit jeweils eigener Inselverwaltung hinaus gibt es noch eine weitere bewohnte (La Graciosa) und fünf unbewohnte Inseln. Sie alle befinden sich zwischen 1.028 und 1.483 Kilometer vom spanischen Festland entfernt, liegen vor der afrikanischen Küste auf der Höhe des südlichen Marokkos und gehören damit – geographisch gesehen – zu Afrika.

Von Arrecife aus machen Lucas und ich mit einigen Kollegen am Wochenende Ausflüge in den wunderschönen Nationalpark Timanfaya, dessen Symbol – ein kleiner Feuerteufe – bereits verrät, dass es sich hier um ein Gebiet handelt, das stark vom Vulkanismus geprägt ist. Wie auch die anderen kanarischen Inseln ist Lanzarote durch die Wanderung der Afrikanischen Platte über einen Hotspot entstanden. Diese Platte bewegt sich mit etwa 1,2 Zentimetern pro Jahr nordostwärts, so dass im Laufe der Jahrmillionen von Jahren durch neu aufsteigendes vulkanisches Material Inseln entstanden sind. Jede der Inseln hat damit ein unterschiedliches Alter, außer Fuerteventura und Lanzarote, die eine nur etwa 40 Meter tiefe und 10 Kilometer breite Meerenge voneinander trennt und während des niedrigen Wasserstands in den Kaltzeiten zu einer einzigen Insel verbunden waren. Sie sind mit 22 Millionen Jahren die ältesten, La Palma und El Hierro die jüngsten – wobei „jung" auch hier ganze 2 Millionen Jahre bedeutet.

Der Nationalpark Timanfaya auf Lanzarote ist mit seinen unzähligen Lavafeldern und Vulkankegeln also das Ergebnis eines explosiven Vulkanausbruchs, der zig Millionen von Jahren zurückliegt? Nicht ganz, denn man geht davon aus, dass die Inseln zunächst durch eine Phase unterseeischer Eruptionen entstanden sind und in einer darauffolgenden Pause von mehreren Millionen Jahren durch Erosion oberhalb des Meeresspiegels geformt wurden. Im Pliozän (vor 5,3 Millionen Jahren) und Quartär (vor 2,6 Millionen Jahren bis heute) fand dann erneuter Vulkanismus statt. Die Landschaftsformen sind in ihrer heutigen Form also nicht das Ergebnis eines einzigen Ausbruchs, sondern eines Formungsprozesses, der Millionen von Jahren andauerte. Trotzdem ist die Vorstellung unglaublich, dass wir jetzt genau dort stehen, wo damals die kochendheiße Masse aus dem Boden schoss und in glühenden Strömen ins Meer floss.

Während wir über den schwarzen Boden wandern, immer wieder tunnelartige Gebilde durchqueren und an Spalten und anderen interessanten Strukturen vorbeikommen, frage ich mich, was heute aus dem Hotspot geworden ist, auf dem wir uns gerade so leichtherzig bewegen.

Auf Lanzarote fanden die letzten größeren Eruptionen zwischen den Jahren 1730 und 1736 und noch einmal im Jahre 1824 statt. Zu dieser Zeit wurden die Landschaften größtenteils so geprägt, wie sie heute zu sehen sind.

Dennoch ist der Vulkanismus hier längst nicht nur ein Phänomen der Vergangenheit, sondern noch heute sehr präsent. Dies zeigte sich erst Ende 2021, als die Kanaren wegen eines Vulkanausbruchs auf La Palma den Atem anhielten. Die dreimonatigen Eruptionen kosteten glücklicherweise niemanden das Leben, zerstörten aber mehr als 1.300 Häuser, Schulen, Kirchen und wichtige infrastrukturelle Einrichtungen. Es entstanden Schäden in Höhe von fast einer Milliarde Euro.

Während unserer Wanderung erzählt mein Begleiter Lucas auch von einem größeren Vulkanausbruch, der 1971 auf Palma stattgefunden hat - allerdings ohne schwerwiegende Folgen. Da Ausbrüche auf ozeanischen Vulkaninseln wenig explosiv sind, konnte man damals dem wochenlangen Schauspiel sogar zuschauen: Die Menschen packten am Wochenende Kind und Kegel ins Auto, um den Ausbruch aus sicherer Entfernung zu beobachten.

Auch auf Lanzarote ist die Erde noch aktiv, wenn auch in geringerem Ausmaß. Das zeigt ein Besuch der Montañas de Fuego, der Feuerberge. Der Boden ist in einigen Metern Tiefe noch so heiß, dass Wasser, das in ein Rohr gegossen wird, sich so schnell erwärmt, dass es in einem hohen Strahl wieder herausgeschossen kommt. Diese Demonstration für Touristen nutzt ein Prinzip, das in der Natur unter dem Namen Geysir bekannt ist: Wasser erwärmt sich im Untergrund, der dadurch entstandene Druck baut sich langsam auf und entlädt sich dann plötzlich in einer meterhohen Fontäne in die Luft. Dass der Boden hier im Nationalpark Timanfaya heiß ist, lässt sich an manchen Stellen sogar per Hand erfühlen. Wem das noch nicht eindrücklich genug ist, kann zusehen, wie eine Handvoll Stroh in eine Bodenöffnung geworfen wird und es sich sofort entzündet.

In den rauen Formen der Vulkanlandschaften ist – bei genauem Hinsehen – eine ganze Palette an Farben zu entdecken: Rot, Orange, Ocker, Braun, Schwarz und diverse Schattierungen dieser Farben lassen alle paar Meter wunderschöne Mikrokosmen entstehen. Im Hintergrund sind stets die Silhouetten der Vulkane und der weite, tiefblaue Atlantische Ozean zu sehen. Es ist Februar, aber die Sonne scheint und wäre da nicht der starke Wind, könnten wir selbst jetzt zur Mittagszeit im T-Shirt herumlaufen. Der strahlend blaue Himmel bildet einen wunderschönen Kontrast zum zerklüfteten, schwarzen Untergrund. Es wundert mich überhaupt nicht, dass die Unesco Lanzarote 1993 wegen seiner einmaligen Umgebung zum Biosphärenreservat erklärt hat.

Die wenigen Pflanzen, die sich an die trockene und im Sommer sehr heiße Umgebung angepasst haben, sind anspruchslose Pflanzen wie Moosflechten, die sich in nahezu 200 Unterarten auf den Lavafeldern angesiedelt haben. An anderen Stellen finden sich auch das

Weiße Salzkraut, Dickblattgewächse oder Klee. Etwa 200 Tierarten leben auf Lanzarote, darunter Echsen, Geckos, kleine Nager, Vögel und eine weiße Krebsart. Viele dieser Arten sind endemisch und geschützt.

Und wie haben die Menschen gelernt, in dieser Umgebung zu überleben? Nachdem die Eruptionen des 18. Jahrhunderts zwei Dörfer und ausgedehnte fruchtbare Landschaften unter sich begraben haben, verließen viele der damaligen Einwohner die Insel in Richtung Fuerteventura. Auch heute noch sind fast 75 Prozent der Oberfläche Lanzarotes wegen starker Erosion, der Bedeckung mit vulkanischer Grobschlacke, extremen Neigungswinkeln und Überbebauung landwirtschaftlich nicht nutzbar. Der starke Wind und geringe Niederschläge erschweren die Landwirtschaft zusätzlich.

Allen Widrigkeiten zum Trotz kehrten die Geflüchteten zurück, denn man hatte herausgefunden, dass Vulkanasche wichtige Nährstoffe wie Phosphor, Kalium und Calcium enthält. Darüber hinaus können ihre Poren die Feuchtigkeit der Nacht speichern und dieses Wasser schnell an die Wurzeln der Pflanzen weiterleiten. Außerdem wurden die Menschen in der Not erfinderisch: Um die Pflanzen vor dem starken Wind zu schützen, bauten sie halbrunde Mauern. Um an fruchtbaren Boden zu gelangen, gruben sie bis zu 2 Meter tiefe Trichter, in die sie die Pflanzen hineinsetzten. Auf diese Weise lernte man, unter besonderen Bedingungen Wein anzubauen: Es entwickelte sich das einzigartige Weinanbaugebiet „La Geria", das von der UNESCO zum Weltkulturerbe erklärt wurde. Bevorzugte Rebsorten sind Moscatel und Malvasia.

Am Echadero de los Camellos, der heißt so, weil dort auch auf Kamelen geritten werden kann, gibt es ein kleines Museum, in dem alte landwirtschaftliche Instrumente der Bauern ausgestellt sind. Denn Wein ist längst nicht das einzige hier angebaute Produkt: Im mittleren und nördlichen Teil werden Kartoffeln, Zwiebeln, Mais und Tomaten angebaut. Auch Kakteen werden hier gepflanzt und gepflegt, um an die Cochenilleschildläuse zu kommen, die auf ihnen leben und zur Herstellung des roten Karminfarbstoffes gezüchtet werden. Die Viehwirtschaft ist auf Lanzarote übrigens wenig ausgeprägt – lediglich etwa 10.000 Ziegen werden zur Herstellung von Ziegenkäse gehalten. Die

Fischerei von Thunfisch und Sardinen war einst bedeutsamer, als sie es heute ist.

Auf einer unserer Ausflüge über die Insel führt Lucas und mich auch zum Mirador del Río, einem ganz im Norden gelegenen Aussichtspunkt, von dem aus man bis hinüber auf die Nachbarinsel La Graciosa und einige kleinere, unbewohnte Inseln schauen kann. Doch nicht nur das ist hier besonders: Der 1973 gebaute Aussichtspunkt wurde von César Manrique entworfen. Die Lanzaroteños sind ziemlich stolz auf ihn, den 1919 in Arrecife geborenen Maler, Architekt, Bildhauer und Umweltschützer, der es weit gebracht hat und zahlreiche Kontakte zu bekannten Persönlichkeiten wie Nelson Rockefeller, Rita Hayworth und Andy Warhol hatte.

Den Bau- und Kunstwerken dieses Künstlers begegnet man auf der Insel quasi zwangsläufig, denn er hat die Landschaft Lanzarotes mit seiner Vorstellung vom Verschmelzen der Bauwerke mit ihrer natürlichen Umgebung erheblich mitgeprägt. In der Stiftung César Manrique in Tahíche in der Gemeinde Teguise lässt sich dies besonders gut beobachten, denn Manrique baute das Haus, in dem er selbst etwa 20 Jahre lang lebte, inmitten eines erkalteten Lavastroms. Den Wohnraum erschuf er, indem er fünf natürliche Vulkanblasen mit Tunneln verband.

Manrique kam damals aus New York zurück, wo er als Künstler einige Jahre gelebt hatte. Er hatte es sich zum Ziel gemacht, den Wert der Landschaft und die natürlichen Attraktionen seiner Heimatinsel zu steigern, um die Insel für den Tourismus zu öffnen. Er förderte dafür nicht nur künstlerische Projekte räumlicher und landschaftlicher Natur, sondern war selbst als Architekt und bildender Künstler tätig. So entstanden zum Beispiel die Jameos del Agua – ein unterirdischer Konzertsaal, der Jardín de Cactus – ein Kaktusgarten, das Casa Museo del Campesino – ein Bauernhaus in typisch lanzarotenischer Architektur und das Monumento del Campesino – ein Denkmal, das Lanzarotes Bauern ehrt. Ihnen allen ist gemeinsam, dass ihre Architektur einen respektvollen Dialog mit der Natur einschlägt und örtliche Traditionen berücksichtigt.

Dem Künstler Manrique ging es dabei auch um eine Wertsteigerung der Insel – allerdings nicht um jeden Preis: Manrique war

Naturschützer durch und durch. Ihm verdankt Lanzarote, dass der Massentourismus in geregelten Bahnen verlief. 1978 wurde ihm dafür in Berlin sogar der Weltpreis für Ökologie und Tourismus verliehen. 1992 kam Manrique, im Alter von 73 Jahren, ganz in der Nähe seiner Stiftung durch einen Verkehrsunfall ums Leben. Heute erinnert dort ein von ihm entworfenes Windspiel an seinen Tod. Posthum wurde er 1995 Ehrenbürger der Insel und die Inselregierung verpflichtete sich, seine Vorstellungen vom sanften Umgang mit der Landschaft auch in der Zukunft umzusetzen.

Tatsächlich: Riesige Bettenburgen findet man auf Lanzarote so gut wie gar nicht. Auch die Kunst Manriques ist auf der Insel noch immer allgegenwärtig. Neben einigen Bauwerken malte er Gemälde, stellte Skulpturen, Keramik und Grafiken her. Seine Kunst ist eher abstrakt und stets von Eindrücken der rauen Vulkanlandschaft Lanzarotes geprägt.

Ausflüge über die Insel machen hungrig und so zeigt Lucas mir, wie man die typisch kanarischen Kartoffeln mit grüner und roter Soße zubereitet, die Papas arrugadas al mojo picón und Papas al mojo verde. Das Wort Papa heißt in seiner groß geschriebenen Variante übrigens auch „Papst“, wird aber hier und in vielen Ländern Lateinamerikas für die Kartoffel benutzt – entgegen der patata auf dem spanischen Festland. Sie werden mit viel Salz und wenig Wasser gekocht, so dass die kleinen, runden und verschrumpelten Kartoffeln mit einer weißlichen Schicht Salz überzogen sind, wenn man sie isst.

Zum Dank backe ich für Lucas einen Apfelstreuselkuchen nach dem Rezept meiner Großmutter. Noch heute, fast 15 Jahre später, sagt er, dass ihm der Kuchen in Erinnerung geblieben ist. Er dankte mir erst kürzlich erneut dafür und ich ihm wiederum, dass er sein Haus, die wunderbare Dachterrasse und die Liebe zu seinen kanarischen Inseln mit mir teilte.

Spaniens schönste Landschaften

- **Nationalpark Timanfaya, Lanzarote:** Weite Vulkanlandschaften, graurötliche Lavafelder, soweit das Auge reicht. Wer zwischen den hügeligen Vulkankratern hindurchwandert, sieht nur wenig Pflanzen, dafür aber die bizarrsten Formen, die die Lava hier zufällig gebildet hat.
- **Bardenas Reales, Navarra:** Eine natürliche Wüste, wo man sie nicht erwartet: in Spaniens grünem Norden. Bizarre Mondlandschaften, ockerfarbene Berge, Schluchten und Ebenen wie im Wilden Westen.
- **Parque Natural de los Alcornocales, Andalusien:** Grüne Hänge, felsige Schluchten und Korkeichenwälder im andalusischen Hinterland.
- **Illas Cíes, Galicien:** Blendend weiße, langgezogene Strände mit kristallklarem Wasser. Im Hintergrund grün bewachsene Hügel und steile Felsküste. Schon die Überfahrt mit der Fähre lohnt sich.
- **Teide, Teneriffa:** Ein majestätisch aufragender Gipfel, der über allem thront, selbst über den Wolken - das heißt, wenn welche da sind. Zu Füßen des höchsten Bergs Spaniens liegen weite Kraterlandschaften und grau-braune Lava in unterschiedlichsten Formen.
- **Cap Formentor, Mallorca:** Hier reichen die Felsen tief hinein in das dunkelblau leuchtende Meer. Die Serpentinenstraße windet sich hinab in die Schluchten und schließlich hinauf zum Leuchtturm. Dort und unterwegs: immer wieder überwältigende Ausblicke.
- **Las Médulas, Kastilien-León:** Wie spitze Zähne ragen die Felsspitzen der antiken römischen Goldmine aus den grün bewachsenen Hügeln Leóns auf. Im Licht der untergehenden Sonne glänzen sie ockerfarben.
- **Caldera de Taburiente, La Palma:** Durch den riesigen, ehemaligen Krater führen ausgiebige Wanderwege. Es geht durch Wälder von kanarischen Kiefern, über plätschernde Gebirgsbäche, durch tiefe Schluchten, vorbei an La Palma-Veilchen und Drüsenginster.
- **Costa Brava, Katalonien**: Wunderschöne Sandstrände, die sich hinter den hier typischen Kiefern in kleinen Buchten verstecken. Am Wegesrand immer wieder wilde Kräuter und der Blick auf interessante Felsformationen und hellblaues, schönstes Wasser an der felsigen Küste.
- **Kastilien-La Mancha:** Windmühlen und goldene, im Wind wogende Kornfelder so weit das Auge reicht - ganz genau so, wie sie Miguel de Cervantes einst in seinem Don Quijote beschrieb.

Früher war nicht alles besser, aber schöner anzusehen – Andalusien

Ziel meiner ersten längeren Reise nach Spanien war Sevilla. Ich studierte damals Spanisch an der Universität zu Köln und bemühte mich darum, ein Institut zu finden, das eine Partnerschaft mit der Universidad de Sevilla unterhielt, um mich dort für ein Erasmusstipendium zu bewerben. Dass ich in Sevilla angenommen wurde, konnte ich einige Wochen später kaum glauben angesichts der Beliebtheit dieses Studienortes unter Studenten. Wenige Monate später, es ist August, steige ich aus dem Flieger und betrete sevillanischen Boden. In diesem Moment weiß ich rein gar nichts über diese Stadt, trotzdem freue ich mich unheimlich auf sie: Sevilla klingt nach tiefstem Süden, heißem Wetter, nach Flamenco und Stierkampf, nach berühmten Geschichten und Dramatik.

Auf der Suche nach einer Wohnung erkunde ich die Innenstadt, laufe von A nach B nach C nach Z und staune dabei nicht schlecht, welch schöne Gassen und prachtvolle historische Gebäude sich im *Casco Antiguo*, der historischen Altstadt von Sevilla, verstecken. Ich beginne zu verstehen, dass Sevilla eine – besonders aus historischer Perspektive – wahnsinnig interessante Stadt ist, da sie Einflüsse verschiedener historischer Epochen in ihrem Stadtbild vereint. Möchte man sich allerdings chronologisch mit der Geschichte Spaniens befassen, muss man zuerst einen Blick auf einen Ort werfen, der etwa 7 Kilometer außerhalb der Stadt liegt.

Die Rede ist von Itálica, einer alten Römerstadt, deren Ausgrabung bereits 1751 begann – mit beeindruckendem Ergebnis: Das gut erhaltene Amphitheater ist riesig. Daneben liegen Überreste prachtvoller Villen und breite Straßen, die erahnen lassen, dass diese Stadt florierte. Sie bedeckte ursprünglich ein Gebiet von 52 Hektar – ein so großes Gebiet, dass die Ausgrabungen noch heute andauern. 206 vor Christus wurde sie als Rückzugsort für verwundete Krieger oder Kriegsveteranen geplant. Später war sie Geburtsort der Kaiser Trajan und Hadrian. Im 1. Jahrhundert vor Christus erhielt sie bereits Stadtrechte und zählte ab dem 2. Jahrhundert nach Christus zu den Kolonien.

Aber was machten die Römer in Spanien, so weit von ihrer Heimat Italien entfernt? Man stelle sich vor, dass dieses umtriebige Volk bereits im 2. Jahrhundert vor Christus ganz Italien kontrollierte, im Laufe der 3 folgenden Punischen Kriege seine Macht auch außerhalb Italiens noch ausbauen konnte. Kolonien, die *Coloniae*, sicherten seinen Einfluss und wurden schnell zu einem festen Teil des römischen Reiches. Die iberische Halbinsel wurde damals von Kaiser Augustus in drei Provinzen unterteilt: Lusitania, Baetica und Tarraconensis. Die Basken im Norden blieben übrigens unabhängig, was besonders aus sprachlicher Sicht interessant ist, da die baskische Sprache bis heute als einzige nicht-romanische Sprache auf der iberischen Halbinsel erhalten ist.

Nach dem Bau von Straßen und Siedlungen durch die Römer wurde das Land bald einer der Hauptsitze römischer Kultur. Auch angesehene Schriftsteller, wie Seneca, stammen von hier. Der Philosoph und Pädagoge wurde im Jahre 1 n. Chr. im andalusischen Córdoba geboren. Seine Erkenntnisse scheinen heute noch modern: Ein glückliches Leben kann nur durch die Befreiung vom Wunsch nach dem Materiellen erreicht werden – der Weg ist das Ziel. Lebte er in der heutigen Zeit, hätten ihm diese Einsichten vermutlich zu Ruhm und Ehre unter Minimalisten und Lebenskünstlern verholfen. Schade, dass er davon nichts mehr mitkriegt.

Itálica ist nicht der einzige Ort im heutigen Spanien, an dem Überreste römischer Baukunst zu bestaunen sind: In Mérida in Extremadura, der sich nordwestlich an Andalusien anschließenden autonomen Gemeinschaft, stehen ein Amphitheater, ein Tempel und ein Museum römischer Kunst. Noch weiter nördlich liegt die autonome Gemeinschaft Kastilien und León, wo es in Segovia ein römisches Aquädukt und in Palencia römische Villen mit kunstvollen Mosaiken zu sehen gibt. Im äußersten Nordwesten Spaniens, im galizischen A Coruña, steht tatsächlich noch ein römischer Leuchtturm aus dem 2. Jahrhundert nach Christus.

In Hispalis allerdings – so hieß Sevilla bei den Römern – haben außer der riesigen Ausgrabungsstätte Itálica nur wenige Spuren der Römer überlebt. Wer sich in der Nähe der Kathedrale aufhält, kann sich drei Säulen anschauen, die letzte Überreste eines römischen Tempels bilden; sie befinden sich an der Ecke der Calle Mármoles und der Calle Aire. *Calle* bedeutet übrigens Straße und wird nicht mit im Deutschen als doppeltes l ausgesprochen, sondern wie ein j; man sagt also *caje* (und Majorka, statt Mallorca).

Nach dem Zerfall des Römischen Reiches im 5. Jahrhundert geschah dann, was so oft in der Geschichte europäischer Länder passierte: Das Territorium wurde, sozusagen, herumgereicht. Nach den Römern kamen andere, die die Macht übernahmen und an Einfluss gewannen – zuerst die Westgoten, dann die Araber aus Nordafrika. Letztere herrschten hier zwischen 711 und 1492 und gaben dem gesamten Land Impulse, die noch heute Einfluss auf Architektur, Sprache und Kultur haben. Ich täte der arabischen Epoche großes Unrecht, wenn ich sie in einem Satz zusammenfasstn, denn wer durch südspanische Städte spaziert oder sich mit einem Spanier über die Geschichte seines Landes unterhält, muss davon wissen und den Begriff „Reconquista“ kennen.

Aber eins nach dem anderen: Im April 711 legten ungefähr 8000 muslimische Araber aus Nordafrika unter dem Befehl von Tarik ibn Ziyad im heutigen Gibraltar an. Die Halbinsel liegt im Süden Andalusiens an der sogenannten Meerenge von Gibraltar, genau dort, wo man fast nach Marokko spucken kann, weil es nur 27 Kilometer bis zum afrikanischen Kontinent sind. Von dort aus zogen die Araber gegen die Westgoten auf der iberischen Halbinsel in den Kampf und eroberten große Teile der iberischen Halbinsel. Ihren Erfolg verdankten sie auch den dort lebenden Juden, die sich von den Westgoten unterdrückt fühlten. Im Nachhinein stellt die arabische Eroberung der Halbinsel sicherlich einen Glücksfall dar, denn Juden, Christen und Araber lebten in dieser Zeit größtenteils friedlich miteinander und waren äußerst produktiv, was Innovationen in Landwirtschaft, geistigem Leben und Handwerk anging.

Uralte Zeugen dieser so wichtigen arabischen Epoche gibt es im heutigen Spanien genügend – unter anderem in der Sprache. Wörter wie *alcalde* (der Bürgermeister), *algodón* (Baumwolle), *azúcar* (Zucker) und *almohada* (Kopfkissen) sind der arabischen Sprache entlehnt. Über 2000 topographische Bezeichnungen in Spanien stammen aus dem Arabischen: So wurde aus al-Dschasira al-Chadra später Algeciras, aus al-Mariyya wurde Almería, aus Dschebel al-Tarik wurde Gibraltar und der Fluss Guadalquivir hieß unter den Arabern Wadi al-Kabir.

Besonders eindrucksvoll ist der Einfluss der Araber in Bauwerken aus dieser Zeit. Schauen Sie sich in Sevilla zum Beispiel den Glockenturm der Kathedrale genauer an: Die sogenannte *Giralda* ist eigentlich das Minarett der ehemaligen Moschee. Am Westportal der Kirche finden sich noch heute maurische Ornamente und der malerische Orangenhof war der Teil der Moschee, in dem sich die Gläubigen vor dem Gebet wuschen. In der Kirche liegt übrigens der Sarkophag des berühmten Christopher Kolumbus, der allerdings zur Zeit der Araber noch lange nicht das Licht der Welt erblickt hatte.

Das bekannteste arabische Monument in Spanien ist sicherlich die Alhambra in Granada, eine Stadt, die etwa 3 Autostunden von Sevilla entfernt liegt. Die Alhambra thront äußerst prachtvoll auf einem Hügel über der Altstadt und diente mehreren Generationen arabischer – und später auch christlicher – Herrscher als Rückzugsort und Festung. Besonders eindrucksvoll ist der Patio de los Leones, der sogenannte Löwenhof, in dem 124 Säulen aus weißem Marmor einen Brunnen mit 12 wasserspeienden Löwen umranden. Der Reichtum und die Macht der Herrscher von damals lässt sich auch angesichts der kunstvollen einzelnen Ornamente erahnen, mit denen die Säulen und Wände der angrenzenden Paläste geschmückt sind. Die mit bunten Fliesen verzierten Bäder und die wunderschönen arabischen Gärten erinnern an ein Märchen aus 1001 Nacht.

Der Palast ist zum Träumen schön – trotz der anderen 2,7 Millionen Besucher, die im Laufe eines Jahres ebenfalls hier, an einer der beliebtesten Sehenswürdigkeiten Spaniens, aufkreuzen. Wegen des großen Andrangs ist der Verkauf der Tagestickets beschränkt, so dass es sich lohnt, den Besuch weit im Voraus zu planen. Wer in Sevilla übernachtet, kann den Zug nehmen und 2,5 Stunden später in Granada sein. Oder Sie besichtigen Granada während einer Rundfahrt durch Andalusien – auch das bietet sich an, weil es außer diesen beiden Städten viele weitere sehenswerte Orte gibt.

Während Sevilla bereits 1248 durch die kastilischen Könige zurückerobert wird, hält Granada – auch dank der Alhambra – bis 1492 durch und ist damit die letzte arabische Festung auf der iberischen Halbinsel, die zurück in die Hände der christlichen Herrscher Isabella de Castilla und Fernando de Aragón fällt. Diese Rückeroberung findet von Norden nach Süden statt und wird in Spanien auch *Reconquista* genannt (wörtlich „Rückeroberung“). Hatten die unterschiedlichen Religionen zuvor friedlich mit- und nebeneinander gelebt, wurden die Juden nun des Landes verwiesen. Auch die Muslime erlebten ähnliches, allerdings holte man sie aufgrund fehlender Arbeitskräfte in der Landwirtschaft und Verwaltung bald wieder zurück.

Als Erasmusstudentin war ich besonders viel zu Fuß in der Altstadt Sevillas unterwegs. Zuerst, weil ich auf der Suche nach einer Wohnung war, dann, weil es der einfachste Weg zu den Vorlesungen war, und schließlich schlicht und einfach, weil es riesigen Spaß machte, durch die kleinen, verwinkelten Gassen zu laufen. Hinter jeder Straßenecke verbirgt sich eine interessante Fassade oder ein hübscher Innenhof. Hier stehen alte Häuser neben kleinen Palästen, die trotz ihrer glänzenden Schönheit scheinbar nicht viel Aufmerksamkeit auf sich ziehen.

Einer dieser Paläste ist die Casa de Pilatos aus dem 16. Jahrhundert. Heute ist der Palast Museum und Residenz der Grafen von Medinaceli, einer spanischen Adelsfamilie. Die Fassade mit ihren Säulen und der davor gelegene, mit Orangenbäumen bestückte Platz ist von außerhalb bereits schön anzusehen. Innerhalb des Gebäudes aber wartet der prachtvoll verzierte und von Säulen umgebene Haupthof mit Skulpturen römischer Kaiser und Statuen der griechischen Mythologie.

Aber warum erwähne ich den Palast an dieser Stelle, obwohl ich versprochen hatte, chronologisch vorzugehen? Weil er ein wunderschönes Beispiel für die Baukunst der Mudejaren ist, die den Baustil der Araber unter christlicher Herrschaft fortführten. Die Mudejaren waren Muslime, die nach dem Ende der arabischen Herrschaft unter der Herrschaft der christlichen Königreiche in Spanien lebten. Sie durften ihre Religon weiter ausüben, passten sich jedoch auch an ihre christliche Umgebung an. Ihr Baustil, der die italienische Renaissance und den spanischen Mudejar-Stil vereint, ist somit Ausdruck einer Epoche, in der sich Herrschaftsverhältnisse veränderten, Kulturen vermischten und miteinander fortlebten, in der Gesellschaft und eben auch in der Architektur.

Unter den Einflüssen dieser Mudejaren genannten Muslime entstanden dann Bauwerke wie die bereits erwähnte Casa de Pilatos, an der ich in Sevilla so gerne vorbeilief, und auch der noch berühmtere Alcázar, ein großer, zentral in der Altstadt von Sevilla gelegener Königspalast, der von der spanischen Königsfamilie bis heute bei Besuchen als Residenz genutzt wird. Auch dieser Palast wurde von Mauren im 10. Jahrhundert errichtet und dann im 14. Jahrhundert von König Alfons X. zurückerobert und unter dem Einfluss der Mudejaren erweitert. Neuerdings ist der Alcázar auch ein beliebtes Ziel von Game of Thrones-Fans aus der ganzen Welt, da Szenen aus den Wassergärten von Dorne im Alcázar von Sevilla gedreht wurden. Schaut euch unbedingt auch das prachtvolle Hotel Alfonso XIII ganz in der Nähe an, in dem Stars & Sternchen, inklusive der Crew der beliebten Serie, gerne absteigen.

Ein genauso eindrucksvoller Beweis für die Mischung unterschiedlicher Baustile ist die Mezquita von Córdoba, ebenfalls in Andalusien. Wer nicht die Gelegenheit hat, sie persönlich zu besichtigen, sollte sich zumindest Fotos bei Google anschauen. Deutlich ist der quadratische Grundriss der Moschee erkennbar, darüber hinaus in deren Mitte aber auch das gotische Kirchenschiff, das Ende des 15. Jahrhunderts dort eingefügt wurde. Zu Beginn des neuen Jahrtausends hat es interessanterweise Diskussionen gegeben, die sogenannte"Moschee-Kathedrale" von Córdoba ganz offiziell in ein interreligiöses Gotteshaus umzuwandeln. Die katholische Kirche lehnte dies schließlich ab, unter Berufung auf die westgotischen Fundamente einer Kathedrale, die bei archäologischen Ausgrabungen unter der Moschee gefunden wurden.

Aber werfen wir noch einmal einen Blick zurück nach Sevilla, wo noch ein weiteres imposantes Gebäude Erwähnung verdient: Im Archivo General de Indias aus dem 16. Jahrhundert befindet sich das Zentralarchiv des spanischen Staates, in dem Dokumente mit Bezug zur spanischen Kolonialzeit gesammelt werden. Die Eroberung Amerikas ab dem Jahre 1492 hatte für Sevilla eine große Bedeutung, da die Stadt Handelszentrum für Waren und Rohstoffe aus der „Neuen Welt" war. Logisch, dass diese Rolle schnell zu Wohlstand führte.

Wer ein gutes Zahlengedächtnis hat, dem ist vielleicht aufgefallen, dass ich bereits zum zweiten Mal das Jahr 1492 erwähne. Das ist kein Zufall, denn diese Jahreszahl hat in der spanischen Geschichte eine außergewöhnliche Bedeutung: Erstens wurde in diesem Jahr Granada als letzte Festung der Araber von den spanischen Königen zurückerobert. Zweitens landete Christopher Kolumbus genau zu diesem Zeitpunkt auf den Bahamas, im Glauben, einen Seeweg nach Indien gefunden zu haben. Das Jahr markiert also den Beginn der spanischen Eroberung Mittel- und Südamerikas. Tatsächlich gibt es noch ein drittes Ereignis, das nicht weniger bedeutsam ist, vor allem für die spanische Sprache: Im Jahre 1492 veröffentlichte Antonio Nebrija die erste gedruckte Grammatik der spanischen Sprache, die in den folgenden Jahrhunderten ein wichtiger Wegweiser für die Entwicklung des kastilischen Spanischs sein sollte.

Vielleicht ist es also im wunderschönen Sevilla die besondere historische Bedeutung Andalusiens, die auch hier irgendwie durch die Gassen schwingt. In Stadtstrukturen, Häuserfassaden und bedeutenden Bauwerken wird eine Geschichte lebendig, die wechselhaft, in kultureller Hinsicht vielfältig und äußerst spannend ist. Es ist so, als könnte man unbewusst spüren, was hier passierte und sich verändert hat. Hier ist es mehr als anderswo möglich, auf den Spuren römischer Amphitheater, maurischer Moscheen und mittelalterlicher Paläste Stück für Stück durch die Geschichte Spaniens zu wandeln und dabei tief einzutauchen in die Welt der Römer, der Mauren und der christlichen Könige des Spätmittelalters.

Die Geschichte Spaniens hautnah: 10 Orte, die Sie nicht verpassen sollten

1. **Cueva de Altamira (Kantabrien):** In der Höhle von Altamira lässt sich steinzeitliche Höhlenmalerei aus den Jahren 33.600 bis 11.000 vor Christus bewundern. Aufgrund der Empfindlichkeit der Malereien kann leider nur die originalgetreue Nachbildung der Höhle besichtigt werden, die etwa 500 Meter neben dem Eingang der echten Höhle liegt.

2. **Römische Ruinen, Mérida (Extremadura):** Ein Amphitheater, ein Zirkus, zwei Aquädukte, zahlreiche Tempel und Herrenhäuser bilden das römische Monumentenensemble von Mérida.

3. **Aquädukt von Segovia (Kastilien und León)**: Das 30 Meter hohe Aquädukt aus der Römerzeit verläuft einmal quer durchs Stadtzentrum von Segovia.

4. **Alhambra, Granada (Andalusien):** Die Alhambra thront äußerst prachtvoll auf einem Hügel über der Altstadt und diente mehreren Generationen arabischer - und später auch christlicher - Herrscher als Rückzugsort und Festung.

5. **Moschee-Kathedrale, Córdoba (Andalusien):** Das einzigarte Gebäude vereint eine Moschee aus der Zeit der arabischen Herrschaft in Spanien und eine Kathedrale aus dem 16. Jahrhundert, die nach der Rückeroberung Spaniens durch Christen dort gebaut wurde. Auf der offiziellen Homepage der Mezquita-Catedral können die einzelnen Phasen ihrer Geschichte in einem virtuellen Modell angeklickt werden.

6. **Alcázar, Sevilla (Andalusien)**: Dieser Palast ist Residenz der spanischen Königsfamilie, wenn diese zu Besuch in der Stadt ist. Er war außerdem Drehort der Serie Game of Thrones und ist ein Beispiel für die Baukunst der Mudejaren (14. Jahrhundert).

7. **Catedral de Santiago de Compostela (Galicien)**: Die Kathedrale in Santiago de Compostela ist Weltkulturerbe der UNESCO und jedes Jahr das Ziel von Tausenden von Pilgern, die auf dem Jakobsweg wandern. Es heißt, dass die Gebeine des Heiligen Jakobus hier liegen.

8. **Kloster Montserrat (Katalonien):** Das spektakulär im Montserrat-Gebirge gelegene Kloster ist Heimat von 80 Mönchen des Benediktinerordens. Zu Zeiten der Diktatur Francisco Francos gewährte es antiquifranquistischen Gruppen Zuflucht.

9. **Palacio Real (Madrid):** Aufgrund eines Feuers am Heiligabend 1734 ließ der spanische König Phillip V. einen neuen Palast errichten, der im Jahre 1764 fertiggestellt wurde. Er zählt zu den größten Schlössern Westeuropas und ist fast doppelt so groß wie der Buckingham Palace. Das Gebäude wird von der spanischen Königsfamilie ausschließlich zu repräsentativen Anlässen genutzt.

10. **Puerta del Sol (Madrid):** Der Glockenturm der Casa de Correos beherbergt die berühmteste Uhr Spaniens, die per Fernsehübertragung im ganzen Land das neue Jahr einläutet. Ab dem 15. Mai 2011 besetzten Anhänger der Bewegung Movimiento 15-M den Platz fast einen ganzen Monat lang, um gegen die hohe Arbeitslosenquote und andere soziale Missstände im Land zu protestieren.

Spaniens grüner Norden – Galicien und Asturien

Eines ist klar: Wer den Regen scheut und heißes, trockenes Klima bevorzugt, ist im Norden Spaniens, am Golf von Biskaya, fehl am Platz. Wer hingegen ursprüngliche Naturlandschaften, die Nähe zu Wind und Wetter und weit zurückreichende Traditionen liebt, der findet an der Costa Verde, Spaniens grüner Küste, was er sucht. Sie erstreckt sich über die vier autonomen Gemeinschaften Galicien, Asturien, Kantabrien und das Baskenland und hält so viele wunderschöne Landschaften bereit, dass es sich lohnt, die Region persönlich zu entdecken.

Ein Vorzug der Region: Massentourismus ist hier Fehlanzeige. Als ich meine Freundin Janina nach Geheimtipps für Asturien frage, zögert sie, mir diese zu verraten, denn was sie an dieser Region liebt, ist gerade die Unbekanntheit und Abgeschiedenheit mancher Orte, die ein ganz besonderes Naturerlebnis ermöglichen. Sie betreibt gemeinsam mit Freunden an der asturischen Küste, ganz in der Nähe eines wunderschönen Strandes, ein nachhaltiges Camp, in dem gesurft, geklettert und Yoga gemacht werden kann. Das bewusste Genießen der Natur und der rücksichtsvolle Umgang mit dieser steht nicht nur bei den sportlichen Aktivitäten im Vordergrund, sondern auch, wenn einmal pro Woche der Strand gemeinsam gesäubert wird oder wenn die Teilnehmer Bienwachstücher herstellen, damit sie ihre Lunchpakete darin einpacken können. Die Verpflegung ist biologisch, vegetarisch und lokal.

Janina erzählt, dass ihr besonders die Kombination aus Bergen und Meer in Asturien gefällt: „Vom Line-up beim Surfen in die Berge schauen zu können, ist toll. Du siehst grüne Hügel und Landschaften, Kühe, die bis zum Strand runter grasen. Wir haben alles ums Eck: Käserei, Kleinbauern, Meer, Kletterfelsen, Kultur, Jakobsweg, wunderschöne Natur." Sie empfiehlt, mit dem Campingbus übers Baskenland und Kantabrien nach Asturien zu fahren und an den vielen kleinen Stränden zu halten. Sie schwärmt: „Das ist schon was Besonderes. Die Landschaft ist total abwechslungsreich und grün."

Dass das Grün der Landschaft seinen Preis fordert und es hier öfter mal regnet, scheint die Surfer nicht zu stören; sie sind in dieser Gegend zahlreich unterwegs. Kein Wunder, denn der Golf von Biskaya ist für seinen Niederschlag, Stürme und hohen Seegang bekannt und bietet damit eben auch Surfern immer wieder optimale Bedingungen.

Wer eher Land- als Wasserratte ist, kann sich über zahlreiche Wanderwege freuen, die durch die Küstenlandschaften und das Hinterland Asturiens führen. Im Nationalpark Picos de Europa geht es, in einer wildromantischen Gegend, über hohe Gipfel und durch tiefe Schluchten. Die Gipfel dort sind fast ganzjährig mit Schnee bedeckt, ehemalige Gletscherseen liegen still und klar in grüne Wiesen eingebettet. Die Wege führen durch Buchenwälder, vorbei an Bauernhöfen, über alte, römische Brücken.

Auch zwei der Jakobswege führen durch Asturien und Galicien: der unbekanntere Camino Primitivo und der Camino del Norte, ein Küstenwanderweg. Wer sich an den ursprünglichen, anspruchsvollen Camino Primitivo wagt, muss wissen, dass zahlreiche Höhenmeter auf die Wanderer warten. Belohnt wird man mit tollen Aussichten und der Möglichkeit, wirkliche Stille fernab der pilgernden Massen zu genießen. Auch der Küstenwanderweg ist noch relativ wenig frequentiert, dementsprechend finden Pilger ausreichend Ruhe. Auch dort: Bilderbuchlandschaften. Es geht durch Wälder hindurch, über Wiesen und durch kleine Dörfer, dazwischen gibt es immer wieder schöne Ausblicke auf die Steilküste am Golf von Biskaya. Die Wanderer werden für die Abschnitte, die leider doch über Asphalt gehen, ausreichend entlohnt: An manchen Stellen geht der Weg direkt an Stränden entlang, an denen schmerzende Füße im Wasser gekühlt werden können.

Asturien ist auch für einige Besonderheiten seiner Küche bekannt: Die Fabada ist ein Bohneneintopf mit Paprikawurst, Speck, Blutwurst und Schinken und ist auch insofern typisch, als in Asturien gerne Fleisch gegessen wird – am allerliebsten das einheimische Rindfleisch. Neben den Meeresfrüchten natürlich – die hier frisch aus dem

Meer kommen. Auch wer Käse mag, kommt auf seine Kosten, denn fast jedes Dorf produziert eine eigene Käsesorte. Am bekanntesten ist jedoch ein Getränk namens Sidra, ein Apfelschaumwein, den die Kellner von möglichst weit oben ins schräg gehaltene Glas einschenken; nur durch diese traditionelle Strahlmethode kann sich das Aroma des Getränks voll entfalten. Vor den unvermeidlichen Spritzern des säurehaltigen Getränks schützen Lederschürzen, die jeder Sidra-Kellner trägt. Der letzte Schluck schmeckt wegen des Bodensatzes nicht, er wird auf den Boden geschüttet; darunter leiden die Schuhe der Kellner und müssen alle paar Monate ausgetauscht werden!

Fabada, Käse und Sidra lassen sich besonders gut mit Ausblick aufs Meer genießen, zum Beispiel in Cudillero, einer Kleinstadt, deren schöner alter Ortskern sich an einen Hang schmiegt und zum alten Hafen in Richtung Meer öffnet. Auch die beiden größeren Städte Gijón und Oviedo lohnen einen Besuch, nicht zuletzt wegen ihrer attraktiven Altstädte, in denen man zahlreiche Bars und Restaurants und alte, romanische Kirchen findet. In Gijón laden Stadtstrand und Promenade zu einem langen Spaziergang ein.

Der Nachbar Galicien ist, im Vergleich zu Asturien, deutlich größer in seiner Ausdehnung und genauso reichhaltig, was Natur, Kultur und Gastronomie angeht. Die Liste der galicischen Städte, deren Besichtigung lohnt, ist lang: A Coruña, die Hauptstadt der autonomen Gemeinschaft, besitzt zwei Stadtstrände und außerdem den berühmten Herkulesturm, den einzigen Leuchtturm aus der Römerzeit und den ältesten der Welt, der noch funktionstüchtig ist – natürlich gehört er längst zum Weltkulturerbe der UNESCO. Besonders in der Nähe der Marina lassen sich außerdem unzählige der typischen weißen, verglasten Holzbalkone aus dem 19. Jahrhundert entdecken. Der Grund für ihre Entstehung: Es soll möglichst viel Licht, aber wenig Regen in die Wohnungen kommen – ein verständlicher Gedanke in einer regenreichen Region wie Galicien.

Auch Pontevedra sticht unter den Städten hervor, aber weniger wegen seiner schönen Altstadt als vielmehr, weil ein Großteil des Verkehrs dort per Fahrrad oder zu Fuß stattfindet. Die Einrichtung der riesigen Fußgängerzone hat die Luftverschmutzung in der Stadt erheblich reduziert und der Stadt 2015 außerdem die Verleihung des UN-

HABITAT-Awards eingebracht, der Städte mit nachhaltiger umwelt-, wirtschafts- und sozialgerechter Stadtentwicklung auszeichnet.

Wer gerne Austern mag, wird im südwestlich gelegenen Vigo fündig, denn dort gibt es neben zahlreichen hübschen Stränden angeblich die weltweit besten Exemplare dieser edlen Meeresfrüchte. Das zentral gelegene Lugo hingegen ist bekannt für seine römische Stadtmauer, die insgesamt 85 Tore besitzt und 500 Meter hoch über dem Meer thront. Santiago de Compostela ist natürlich die bekannteste der galizischen Städte – vor allem, weil sie Ziel des Jakobswegs ist. In ihrer eindrucksvollen Kathedrale befindet sich nämlich das Grab des Apostels Jakobus, dem Namensgeber der Stadt und des ähnlich lautenden Pilgerwegs.

Dabei ist Santiago eigentlich gar nicht das Ziel der allerletzten Etappe des Jakobswegs, sondern der Ort Finisterre (das „Ende der Welt“), der etwa 90 Kilometer entfernt von Santiago an der Westküste der Iberischen Halbinsel liegt. Die auf galicisch *Fisterra* genannte Gemeinde ist nicht nur wegen ihres interessanten Fischmarktes, auf dem Waren klassischerweise versteigert werden, bekannt geworden. Vielmehr sind am nahe gelegenen Kap aufgrund der häufigen Stürme, starker Strömungen und dichtem Nebel bereits zahlreiche Schiffsunglücke passiert – der Grund dafür, dass dieser Küstenabschnitt auch Costa da Morte, die Todesküste, genannt wird. Manch einer erinnert sich vielleicht noch an das Unglück des Öltankers Prestige, der hier 2002 in einem Sturm havarierte. Die Namensgebung brachte in diesem Fall kein gutes Image, im Gegenteil: Das Unglück war besonders tragisch, denn der Tanker hatte zehntausende Tonnen Schweröl an Bord, das ungehindert austreten konnte, nachdem man das Schiff auf hohe See geschleppt hatte, in der Hoffnung, die Verschmutzung der Küsten so zu minimieren. Das Bemühen war vergeblich, denn die ausgelaufenen 64.000 Tonnen Öl verschmutzten 2900 Kilometer der französischen und spanischen Küste, es starben zig Tausende von Seevögeln. Heute hat sich die Natur wieder erholt. Wer an den wunderschönen steilen Klippen und einsamen Stränden spazieren geht, kann stundenlang den tosenden Wellen zuschauen underahnt nichts von der Katastrophe, die sich hier einst zugetragen hat.

Abseits der größeren Städte gibt es jedenfalls eine Menge zu entdecken: Spektakuläre Naturlandschaften und kleine Dörfer, die genauso reizvoll wie ihre größeren Nachbarn sind. Muros ist so ein Ort: Das Fischerstädtchen hat eine hübsche, gut erhaltene Altstadt, die unter Denkmalschutz steht. Wie in der Hauptstadt A Coruña sieht man auch hier die typischen weißen, verglasten Holzbalkone. Wer gerne Fisch isst, kommt in den vielen Fischrestaurants auf seine Kosten. Ein Besuch in Muros lässt sich gut mit einem Badeausflug an zwei in der Nähe gelegene Strände verbinden: Praia de San Francisco und Praia de Area Maior. Bei strahlendem Sonnenschein sehen das türkisfarbene Wasser und der helle Sand fast karibisch aus!

Dass die Karibik Einzug in Galicien gehalten hat, könnte man auch meinen, wenn man sich an den Stränden der Illas Cíes aufhält. Die vor Vigo gelegenen zwei Inseln sind Spaniens einziger nationaler Meerespark und nur per Boot von Baiona, Cangas oder Vigo zu erreichen. Teils felsige, teils bewaldete Hügel werden von weiß schäumendem Meerwasser umtost. Wer auf einem der dortigen Wanderwege unterwegs ist, kann von oben auf die große Lagune und auf Strände mit wunderschönem, hellem Sand schauen. So stellt man sich Robert Louis Stevensons Schatzinsel vor, nicht aber Nordspanien! Dass die Inseln etwas Besonderes sind, haben die Galicier erkannt und schützen sie entsprechend: Die Anzahl der täglichen Besucher ist beschränkt und der gesamte Müll muss wieder aufs Festland mitgenommen werden, denn auf den Inseln gibt es keine Mülleimer. Die einzige Übernachtungsmöglichkeit ist ein Campingplatz.

Das vielleicht wichtigste Merkmal der Naturlandschaft Galiciens ist wohl, dass sie besonders vielfältig ist. An der Küste bilden die unzähligen, Rías genannten Meeresarme, landschaftliche Mikrokosmen. Karibische Strände wechseln dort mit grünen Steilklippen und Weiden ab, die eher an irische oder schottische Landschaften erinnern. Auch im Hinterland: Grün, so weit das Auge reicht. Zum Beispiel in Ribeira Sacra, einem Weinbaugebiet, das vom Durchlauf der beiden Flüsse Miño und Sil geprägt ist. Sie haben sich tief ins Land gegraben und Schluchten mit steilen Wänden und Höhenunterschiede von bis zu 500 Metern hinterlassen. In dieser Gegend können zahlreiche Klöster und romanische Kirchen besichtigt werden.

Die äußerliche Ähnlichkeit mit nördlicheren Ländern ist nicht weit hergeholt. Nicht nur befinden wir uns hier geographisch im äußersten Norden Spaniens, auch historisch gibt es Verbindungen zum Norden. Die Kelten fielen ab dem 7. Jahrhundert vor Christus in Galicien ein und hinterließen Spuren: An vielen Orten sind Grundrisse ehemaliger keltischer Siedlungen mit ihren runden Steinhäusern erhalten geblieben, die sogenannten Castros; der bekannteste von ihnen ist der Castro de Santa Tegra, der unmittelbar an der Grenze zu Portugal liegt. Auch bei den Hórreos, den auf Steinsäulen stehenden Getreidespeichern, ist der keltische Einfluss sichtbar, denn auf ihren Dächern lässt sich häufig die Fica entdecken, ein keltisches Fruchtbarkeitssymbol; heute werden diese eigentümlichen Speicher allerdings weniger für Getreide als für andere Dinge genutzt. Auch musikalisch sind die Ähnlichkeiten zu nördlicheren Kulturen deutlich: Häufigstes Instrument ist die Gaita, der galicische Dudelsack, der meist von Harfe und Drehleier begleitet wird; die typisch galicischen Melodien klingen eindeutig keltisch.

Bekannter als seine Musik, aber genauso identitätsstiftend ist die galicische Küche, die – wie könnte es anders sein – besonders von Meeresfrüchten geprägt ist. Die gesamte Palette an Meeresfrüchten, auf die Genießer sich hier freuen können, liest sich fast wie ein Gedicht: Gambas, Hummer, Herzmuscheln, Miesmuscheln, Seehecht, Langusten, Schwertmuscheln, Samtkrabben, Austern, Seespinnen, Kammmuscheln, Taschenkrebse, Seeigel, Kabeljau, Meeraal, und und und... Eine besondere Spezialität ist der Pulpo Gallego, die Seekrake, die, nachdem sie ausgenommen wurde, als Ganzes gekocht und mit Paprikagewürz, Salz und Pfeffer abgeschmeckt wird. Auch die durch den Jakobsweg bekannt gewordene Jakobsmuschel ist beliebt. Sie wird mit Zwiebel, Petersilie und Semmelbrösel überbacken und in der eigenen Schale serviert. Liebhaber von Meeresfrüchten kennen vielleicht auch die Entenmuschel, die besonders gut an schwer zugänglichen Klippen gedeiht und damit eine besondere Spezialität darstellt. Die Percebes, so werden sie auf Spanisch genannt, kosten bis zu 200 Euro pro Kilo!

Auch Fleischfans kommen in Galicien auf ihre Kosten, denn das sogenannte Lacón con grelos ist ein äußerst beliebtes Gericht, das aus gekochtem Schinken mit Steckrübenblättern, Paprikawurst und gekochten Kartoffeln besteht. Die ebenso bekannten Empanadas sind

Teigtaschen, die mit Paprika, Tomaten und Zwiebeln – und darüber hinaus je nach Lust und Anlass mit Fisch, Fleisch oder Gemüse gefüllt werden.

Wer vegetarisch unterwegs ist, darf sich zumindest über eine Köstlichkeit freuen: Die selbst in Deutschland mittlerweile in vielen Supermärkten erhältlichen kleinen, grünen Paprika, die auch als klassische Tapas in spanischen Restaurants serviert werden, stammen aus dem kleinen galicischen Dörfchen Padrón, in dem jährlich etwa 15 Tonnen der Feldfrüchte produziert werden. Damit sie richtige Pimientos de Padrón werden, sollten sie allerdings in Olivenöl angebraten und in Meersalz geschwenkt werden.

Galicien hautnah

Reiseführer

- DuMont Reise-Taschenbuch Reiseführer. *Galicien & Jakobsweg*
- Michael Müller Verlag. *Nordspanien*
- Reise Know-How. *Nordspanien mit Jakobsweg*
- Outdoor Regional. Galicien: *23 mystische Wanderungen an der Küste.*
- Rother Wanderführer. Galicien: *Die schönsten Küsten- und Bergwanderungen*
- Rother Wanderführer. Asturien: *Die schönsten Küsten- und Bergwanderungen*
- Marco Polo Reiseführer: *Galicien / Nordwest-Spanien*

Filme

- 360° – Geo Reportage : *Die Todesküste von Galicien*
- Mare TV, Folge 74: *Galicien – Über den Jakobsweg ans Meer*

Romane

- Manuel Rivas. *In wilder Gesellschaft.* Suhrkamp, 1998.
- Manuel Rivas. *¿Qué me quieres, amor?* Reclam, 2012.
- Dolores Redondo. *Alles was ich dir geben will.* Btb, 2019.
- Xosé Neira Vilas. *Tagebuch einer Kindheit in Galicien.* Morio, 2021.

Barcelona – Wiege der Kunst

Die Sonne ist bereits seit einigen Stunden aufgegangen, als Antoni sich ein letztes Mal streckt, die Hände in die Höhe reckt und langsam und geräuschvoll ausatmet, während er seine Arme an beide Seiten seiner Hüfte sinken lässt. Von hier oben hat man einfach den besten Blick auf die Stadt! Es ist *seine* Stadt, die ihm hier zu Füßen liegt, und es ist auch *sein* Park, in dem er jetzt steht und auf sein Haus blickt. Und auch die Bank hier, direkt vor ihm, ist *seine* Bank.

Natürlich ist das nicht ganz richtig: Es ist gewissermaßen sein Geschenk an Eusebi Güell, seinen guten Freund, Begleiter, Unterstützer, Nachbarn. Für ihn hat er diesen Park und die zwei Häuser hier im Park gebaut; in einem von ihnen darf er selbst wohnen. Wenn Eusebi nicht gewesen wäre: Welche von den Dingen, auf die er jetzt blickt, gäbe es dann überhaupt?

Trotzdem glaubt er fest daran: Was er geschaffen hat, ist sein eigenes Werk, denn in seinem Kopf sind all diese Ideen entstanden. Ideen, die die Stadt dort unten geprägt haben. Wie wäre Barcelona, wenn es ihn nicht gäbe? Er stellt sich auf die Sitzfläche der Bank, die sich entlang der Empore in geschwungenen Halbkreisen windet, als ahme sie die Formen eines menschlichen Körpers nach oder die einer Schlange auf dem Weg zur Jagd. Die Kurven ihres Körpers bilden Nischen, keine dunklen Ecken, sondern mit Mosaiksteinchen ausgepflasterte, bunt schillernde Mikrowelten, die ganz neue Universen bilden.

Der Park um ihn herum fügt sich nahtlos in die eigenwilligen Formen der Natur ein. Nur die großzügige Empore, auf der er steht, lugt aus dem Hang hervor; sie ist ein Freiraum, den er sich gegönnt hat. Im Gegenzug hat er der Natur zurückgegeben, was er sich genommen hat: Ihr Wasser wird in fein ausgeklügelten Systemen gesammelt und gespeichert, um es der Vegetation zuzuführen.

Er blickt ein letztes Mal von hier oben auf die Stadt, bevor er sich auf den Weg zur Arbeit macht. Die Stadt wendet sich ihm mit einem leise vibrierenden Brummen zu, ein in der Sommerhitze angeschwollenes Geräusch, das ihm erscheint, als wäre sie ein lebendiges Wesen. Wenn er genau hinhört, hört er die Glocken der Ochsen, die von Bauern zum Ausliefern der Ladung getrieben werden. Er hört Marktschreier, die ihre Waren anpreisen, während die Hufe von Pferden auf dem Kopfsteinpflaster klappern. Er hört schreiende Kinder, die auf dem Schulhof Fußball spielen. Er hört seinen Vater, den Kesselschmied, der mit dem Hammer Messing und Blei beschlägt, und er hört das Bimmeln der Straßenbahn, das Fußgänger vor dem nahenden Fahrzeug warnt.

Schließlich begibt auch er sich hinunter und hinein in das Barcelona von 1913, denn seit 30 Jahren schon arbeitet er an seinem größten Werk, seinem Lebenswerk, das endlich zu Ende gebracht werden soll und dem er den Namen Sagrada Família gegeben hat.

Im exakt gleichen Moment, etwa eine halbe Stunde Fußweg von der Sagrada Família entfernt, befindet sich der zwanzigjährige Joan auf dem Weg in die Akademie von Francesc Galí, wo er sich endlich voll und ganz dem widmen kann, was ihn schon als kleinen Jungen faszinierte: die Kunst. Nur ungern denkt er an die zurückliegenden Jahre: Jahre des Leidens, Jahre des Aushaltens. Seinem Vater zuliebe hatte er eine kaufmännische Lehre begonnen, dann als Kaufmann gearbeitet, später kam der Nervenzusammenbruch und eine Typhuserkrankung. Zu Hause, im katalanischen Mont-roig del Camp, hatte er sich so weit erholen können, dass er Kraft für sein neues Leben sammeln konnte.

Sein neues Leben ist gut und es hat gerade erst begonnen. Die morgendlichen Spaziergänge durch die Stadt, der Unterricht bei Francesc Galí, seine eigenen Versuche zu malen, all das bedeutet ihm viel. Er freut sich auf den Unterricht, denn seinem Lehrer ist wichtig, dass er und die anderen Schüler die moderne französische Kunst kennenlernen, obwohl das nicht der traditionellen akademischen Lehre zu dieser Zeit entspricht. Auch die Werke von Antoni Gaudí, dem berühmten Architekten, den jeder in dieser Stadt kennt, lernen sie hier kennen. Manchmal geht Joan nach dem Unterricht nicht sofort nach Hause, sondern streift durch die Stadt, sucht Halt und Orientierung im bunten Chaos der Menschen, Häuser, Straßenbahnen und Geschäfte.

Wenn er die Bauwerke von Gaudí besucht, fühlt er sich dem großen Meister besonders nahe. Er betrachtet gerne die geschwungenen Linien der grauen Fassade der erst vor kurzem fertig gestellten Casa Milà, die auch La Pedrera, der Steinbruch, genannt wird. Auch vor der Casa Battló kann er stundenlang stehen und die verspielten Formen und Farben ihrer Fassade betrachten; es ist ein Haus aus einem Märchenland, nicht aus der wirklichen Welt. Wie schafft Gaudí es bloß, so einzigartig zu sein und trotzdem, oder gerade deshalb, so viel Erfolg zu haben? Wird auch sein eigener Name, Miró, irgendwann so bekannt sein?

Ungefähr dreizehn Jahre später, am 7. Juni 1926, hat Joan Miró Barcelona bereits hinter sich gelassen, um sich auf eine ganz neue Stadt einzulassen: Paris. Hier ist er auf der Suche nach einem Atelier am Montmartre, einem Viertel, in dem er gleichgesinnte Künstler, Philosophen und Schriftsteller trifft. An seine Heimat denkt er oft, besonders, wenn er sich mit Pablo Picasso oder Salvador Dalí trifft. Pablo hat – wie er selbst – an der Kunstakademie La Llontja in Barcelona studiert und besitzt eines der Ateliers hier am Montmartre. Salvador ist Katalane, wie er selber. Joan wünscht ihm Glück für seine Ausstellung in der Galerie Dalmau in Barcelona, die im Dezember desselben Jahres stattfinden soll.

Zur gleichen Zeit in Barcelona befindet sich Antoni Gaudí auf dem Weg zu seiner Sagrada Família. Er ist zufrieden und unzufrieden zugleich: Er hat den Park Güell schon seit einigen Jahren fertiggestellt und kann sich voll und ganz der Kathedrale widmen, seinem Lebenswerk. Nichts anderes ist ihm so wichtig wie diese Kathedrale! Um sein Äußeres kümmert er sich nicht mehr so wie früher, seinen Bart lässt er inzwischen lang wachsen.

Er läuft gerne zu Fuß zur Kathedrale, denn so kann er sich am besten auf seine Arbeit einstimmen, fühlen, wie es der Stadt an diesem Tag geht, welche Schwingungen sie freilässt. Nach einer halben Stunde kommt er an und betrachtet stolz sein Werk, legt seinen Kopf in den Nacken und macht einen Schritt nach hinten, damit er besser zu den

Glockentürmen hinaufschauen kann. 66 Meter. Die Türme wachsen wie starke Urwaldriesen hinauf in den Himmel. Er will sie noch besser sehen, muss noch einen Schritt nach hinten machen – einen verhängnisvollen Schritt, denn er tritt auf die Schienen der Straßenbahn. Er übersieht das herannahende Fahrzeug, überhört das bedrohliche Rumpeln des Waggons, denn er ist konzentriert auf sein fast göttliches Werk, das sich vor ihm in den Himmel streckt. Die Bahn ist bereits ganz nah, doch kurz bevor sie auf seinen zerbrechlichen Körper trifft, klingelt sie laut, ein Schrillen, das sein Trommelfell vibrieren lässt, ihn fast taub macht. Er versucht auszuweichen, aber es ist zu spät. Die Straßenbahn erfasst ihn und spuckt ihn an den Wegesrand. Er wird bewusstlos.

Es dauert einige Stunden, bis ein Polizist auf den Verletzten mit der vernachlässigten Erscheinung aufmerksam wird und ihn in ein Armenhospital bringen lässt. Da er keine Papiere mit sich trägt, erkennt ihn niemand. Erst nach drei Tagen identifiziert ihn der Pfarrer der Sagrada Família im Krankenhaus: „Das ist doch Antoni Gaudí, der berühmte Architekt!“. Man verlegt ihn sofort in ein Privatzimmer, aber es ist zu spät, wenige Stunden später stirbt er. Die Trauerfeier ist gigantisch, seine Beerdigung findet in der Krypta der Sagrada Família statt – der Papst höchstpersönlich hat seine Einwilligung dazu gegeben.

So dürfte es sich im Barcelona des angebrochenen 20. Jahrhunderts zugetragen haben. Die Geschichte von Antoni Gaudís Tod im Jahre 1926 ist gut dokumentiert, ebenfalls der Lebensweg Joan Mirós, der eng mit dieser Stadt verbunden war. Beide Männer hatten als Künstler in der gleichen Stadt gelebt, ein persönliches Treffen ist allerdings nicht überliefert und scheint angesichts der Unterschiede zwischen ihnen unwahrscheinlich: Antoni Gaudí war Architekt und starb 1926 mit 74 Jahren, während der Maler Joan Miró 41 Jahre jünger war und sich bereits um das Jahr 1920 in Richtung Paris orientierte. In der Tat allerdings lernte Miró die Werke Gaudís während seines Kunststudiums kennen und bewunderte diesen außergewöhnlichen Mann.

Noch heute zeigt die von Miró selbst gegründete Miró-Stiftung in Barcelona seine Werke. Seine Lieblingsmotive: Verdrehte organische und geometrische Figuren, darunter besonders häufig ein roter

Kreis, der Mond, die Sterne. Insgesamt schuf er zahlreiche Ölgemälde, Skulpturen, Keramiken, Collagen, Zeichnungen und gedruckte Grafiken. Seine Bilder entstanden nicht spontan, wie bei anderen Surrealisten, sondern waren in vielen Vorstudien geplant.

Bei der Wahl seines Wohnortes pendelte er zwischen Spanien und Frankreich, bevor er sich 1956 zum endgültigen Umzug nach Mallorca entschloss. Drei Jahre vor seinem Tod verlieh ihm der spanische König die staatliche Goldmedaille der Schönen Künste. Im Alter von 93 Jahren starb er schließlich 1983 in Palma de Mallorca.

Zu Joan Mirós Freundeskreis zählten Salvador Dalí und Pablo Picasso, die ebenfalls mit der Stadt Barcelona verbunden waren. Dalí stammte zwar aus Figueres, einer Stadt ganz im Norden Kataloniens, in der Nähe der französischen Grenze, hatte aber mehrere Ausstellungen in Barcelona. Wie Miró war auch er dem Surrealismus zugetan und zählt als einer seiner Hauptvertreter. In seinen Werken geht es um die Welt des Unbewussten, die in Träumen erscheint. Wiederkehrende Symbole sind – unter anderen – schmelzende Uhren, Eier und Ameisen.

Die Beziehung Pablo Picassos zu Barcelona war deutlich enger als die seines Zeitgenossens Dalí: Als Kind zog Picasso mit seiner Familie nach Barcelona, wo sein Vater ihm ein eigenes Atelier einrichtete. Mit fünfzehn Jahren besuchte er dort die Kunstschule La Lotja, wo Jahre später auch Joan Miró studieren sollte. Im Künstlercafé Els 4 Gats kam er mit der Künstlerszene Barcelonas in Kontakt. Zu Ehren dieses Künstlers zeigt heute das Museu Picasso in Barcelona seine Werke.

Das Werk Antoni Gaudís lässt sich heute noch in zahlreichen Bauwerken, die quer über die Stadt verteilt sind, bestaunen. Gaudí wird heute zu den wichtigsten Vertretern des *Modernismo* gezählt, der katalanischen Variante des deutschen Jugendstils, die sich von alten architektonischen Elementen abwendet und sie mit neuen kombiniert. Besonders wichtig sind dabei Konzepte von Natürlichkeit und Bewegung, weshalb häufig geschwungene Linien und Bögen und weiche Formen zu sehen sind. Typische Materialien sind Stahl, Glas und Beton. Die bekanntesten – und absolut sehenswerten – Bauwerke Gaudís sind der Park Güell und die Sagrada Família, deren Bau tatsächlich noch immer nicht beendet ist!

Auf den Spuren der Kunst in Barcelona

Sehenswerte Museen in Barcelona

- Picasso-Museum
- Fundació de Joan Miró
- Museu Nacional d'Art de Catalunya (MNAC) – Montjüic
- Museum für zeitgenössische Kunst in Barcelona (MACBA)

Architektur von Gaudí in Barcelona

- Sagrada Familia
- Casa Vicens
- Park Güell
- Pavellons Güell
- Casa Calvet
- Casa Batlló
- Casa Milà (La Pedrera)
- Torre de Bellesguard

Literatur

- Daniel Brühl mit Javier Cáceres: *Ein Tag in Barcelona.* Ullstein, 2012.

www

- www.spain.info/de/reiseziel/barcelona/

Von berühmten Weinen, Tapas und anderen Köstlichkeiten

Graciano, Cariñena, Verdejo, Mazuelo, Albariño, Monastrell, Airén und Tempranillo. Das sind nicht etwa spanische Dichter des Mittelalters oder die beliebtesten Namen, für neugeborene Kinder vor 50 Jahren. Nein, es sind Rebsorten, die in Spanien allerfeinste, qualitativ hochwertige Weine hervorbringen. Wer das bereits von alleine erraten hat, dürfte entweder Weinliebhaber sein oder schon einmal ein Gläschen des letzten auf dieser Liste, den Tempranillo, probiert haben. Das wiederum ist gar nicht so unwahrscheinlich, denn diese Rebsorte ist bereits vor einigen Jahren zu internationaler Berühmtheit gelangt und hat ihren Weg auch auf die Speisekarte vieler deutscher Restaurants gefunden.

Christoph, ein befreundeter Sommelier, fasst es treffend zusammen: „Wenn man an Spanien und Wein denkt, kommt dem önologisch bewanderten Trinker meistens zuerst Tempranillo in den Kopf. Das ist die am weitesten verbreitete Rebsorte, die allerdings Weine von total unterschiedlichem Stil hervorbringen kann. Der berühmteste Tempranillo kommt wohl aus der Rioja."

Rioja ist ein Begriff, der ziemlich viele Weinflaschen auch in deutschen Weinregalen schmückt. Das berühmte Weinanbaugebiet liegt im Nordosten Spaniens um die Stadt Logroño herum, die etwa 150.000 Einwohner hat und Hauptstadt der Autonomen Gemeinschaft La Rioja ist. Das Klima unterliegt hier noch dem Einfluss des Atlantiks und ist auch deshalb gemäßigt, weil die Region gewissermaßen im Windschatten des Kantabrischen Gebirges liegt.

„Riojas sind dafür bekannt, ordentlich Feuer zu haben", erklärt Christoph. „Denke an einen schweren spanischen Rotwein mit einer deutlichen Holznote, den man gerne zu altem Gouda trinkt. Es gibt aber auch junge Vertreter aus der Region, Joven oder Del año genannt, die völlig anders schmecken. In Spanien sind die Kategorien für die unterschiedlichen Reifungsgrade gesetzlich verankert. Beispielsweise muss ein Gran Reserva mindestens 60 Monate und davon 18 Monate im Holzfass gelagert worden sein. Sowas macht sich natürlich auch im Preis bemerkbar. Der Unterschied liegt natürlich im Geschmack: Während Crianza, Reserva und Gran Reserva meistens eher kraftvoll und schwer sind, kann ein Joven durchaus leicht, fruchtig und erfrischend sein. Generell ist Tempranillo aus Spanien meistens eher schwer und alkoholstark, was aber auch an der Nachfrage liegt. Die Leute verbinden Spanien einfach mit dieser Stilistik und sie war sicherlich maßgebend für den Erfolg des spanischen Weins."

Auch weiße Rebsorten gedeihen auf spanischem Boden ganz hervorragend, zum Beispiel der Albariño. „Er ist eher ein leichter, moderner Wein, der perfekt zum lauen Sommerabend auf der Terrasse oder am Strand passt. Die bekannteste Region für Albariño ist Rías Baixas in Galicien. In den letzten Jahren kommen aus dieser Ecke aber auch durchaus komplexere Weine, die sich einen beachtlichen Ruf in der Welt der Weine erkämpft haben."

Natürlich hat Christoph auch einen persönlichen Favoriten unter den spanischen Weinen, der bisher eher weniger bekannt ist: „Auf Mallorca gibt es eine einheimische rote Rebsorte, den Callet, der sagenhaft gute Qualitäten hervorbringen kann. Einer der bekanntesten Callets, der Anima Negra, zählt zu meinen absoluten Lieblingsweinen. Ähnlich wie der Rioja wird auch der Callet meistens im Holz ausgebaut und erreicht beachtliche Alkoholstärken, allerdings ist er weniger plump und schmeckt weicher, weil er weniger aggressive Tannine, also Gerbstoffe, hat."

Auch ich habe – zwar mit wenig Fachwissen zum Thema Wein, dafür aber mit einem feinfühligen Gaumen ausgestattet – einen spanischen Lieblingswein. Ich probiere ihn zum ersten Mal, als ich während meines Studiums in Sevilla mit meinem Tandempartner Rafa durch die Altstadt Sevillas ziehe. „Du musst unbedingt *Vino dulce* probieren!", sagt er und zeigt mir den Weg in die Calle Mateos Gago, eine kleine Straße direkt hinter der prachtvollen Kathedrale. Orangenbäume säumen die Bürgersteige, im Erdgeschoss der alten Steinhäuser haben Restaurants ihre Türen und Fenster weit geöffnet. Wir steuern ein kleines Lokal an, das ganz unscheinbar ist und nur ein paar Stehtische auf dem Bürgersteig aufgebaut hat. Auch drinnen – keine Tische und Stühle, es wird, wie in anderen typisch spanischen Lokalen, ausschließlich gestanden. Dennoch gibt es hier etwas ganz Besonderes: *Vino dulce de naranja*. Als Rafa mir ein Glas reicht und ich probiere, leuchten meine Augen: „Davon werde ich gleich eine ganze Flasche mitnehmen!"

Vino dulce bedeutet übersetzt „süßer Wein" und ist in Sevilla mit dem Zusatz *de naranja* die Bezeichnung für einen Likörwein, der mit Orangenschalen aromatisiert wird. Die Orangen, deren Schale dafür genutzt wird, sind allerdings keine richtigen Orangen, sondern Bitterorangen, die man sich am besten als Mischung aus Pampelmuse und Mandarine vorstellen kann. Sie stammen von einem immergrünen, bis zehn Meter hohen Baum, ihre Schale ist dicker und unebener als die von Orangen; sie wird auch zur Herstellung von Orangenmarmelade verwendet. Aus den weißen, stark duftenden Blüten kann Neroliöl und Orangenblütenwasser hergestellt werden; Blätter, Zweige und die unreifen grünen Früchte hingegen ergeben Petitgrainöl, ein ätherisches Öl, das für die Parfümherstellung verwendet wird. Die Basis des Vino dulce ist Weißwein aus Huelva, der ganz in der Nähe von Sevilla gelegenen Stadt und Provinz Andalusiens.

Nachdem der Weißwein also das besondere Aroma erhaltne hat, muss er nur noch reifen, und zwar mindestens 2 Jahre lang. Man nutzt dafür ein ausgeklügeltes System, das unter dem Namen Criadera und Solera-System bekannt ist: Weinfässer werden in mehreren Reihen aufeinander gestapelt. Nachdem aus der unteren Reihe etwa ein Drittel abgeschöpft wurde, wird aus der nächsthöheren Reihe nachgefüllt. Ergebnis dieses Produkts ist ein süßer Likörwein mit einem besonders individuellen Aroma. Mit der gleichen Methode wird auch der Fino hergestellt, ein trockener, weißer Wein, der in Andalusien gerne als Aperitif getrunken wird.

Ein weiteres Getränk – viel bekannter als Vino Dulce oder Fino, kommt ebenfalls aus diesem Teil Andalusiens. Nur knapp 100 Kilometer Luftlinie von Huelva entfernt liegt, ebenfalls in der Nähe der Küste, ein Ort namens Jerez de la Frontera. Hier ist nicht nur die in der ganzen Welt bekannte Königlich-Andalusische Reitschule beheimatet, sondern aus dieser Stadt stammt auch der berühmte Sherry. Sein Name leitet sich aus der arabischen Bezeichnung der Stadt zu Zeiten der maurischen Herrschaft in Spanien ab: *Sherish*. Die Begeisterung englischer Handelshäuser im 18. und 19. Jahrhundert brachte ihm Berühmtheit und er erhielt seinen heutigen Namen. Die Basis ist auch hier ein Weißwein, allerdings eine trockene Sorte aus der Palomino-Traube, der mit Branntwein versetzt wird.

Wer in Spanien trinkt, der tut dies meist in Gesellschaft und weniger zu Hause als vielmehr in einer der unzähligen Tapasbars, die überall in spanischen Städten zu finden sind. Nicht nur Wein, auch ein Glas Bier ist gerne mit von der Partie. Die Bezeichnung Tapas steht übrigens für eine Vielzahl unterschiedlicher Gerichte, die im Unterschied zu den größeren Gerichten, den *Raciones* oder *Platos* („Tellern"), stets kleinere Portionen umfassen.

Um zu verstehen, woher das Wort Tapas kommt, müssen wir uns für einen Moment in die Zeit König Alfons XIII. versetzen, der etwa zu Beginn des 20. Jahrhunderts einen Ausflug ans Meer machte. Im Restaurant bestellte er ein kühles Glas Bier und genoss die Aussicht auf den Strand. Leider windete es sehr und immer wieder landete Sand in seinem Glas. Die zündende Idee kam schließlich vom Keller, der vorschlug, das Glas mit einer Scheibe Schinken zu bedecken. Und siehe da, der Urahn der modernen Tapas war geboren, denn *tapa* heißt nichts anderes als „Deckel".

Ob Alfons XIII. wirklich eine Rolle in der Geschichte der Tapas spielte, ist leider doch recht umstritten. Relativ sicher aber ist man sich, dass die Tapas zum Bedecken (*tapar*) der Gläser benutzt wurden, um sie vor fliegenden Insekten zu schützen.

Doch Tapas sind nicht gleich Tapas. Zwei weitere Begriffe kursieren in diesem Zusammenhang: *Montaditos* sind auf Brotscheiben getürmte Leckereien, die ihren Namen vom Verb *montar* erhalten – das heißt so viel wie *aufbauen* oder *zusammensetzen*. *Pinchos* hingegen sind ursprünglich jene Tapas, die von einem Holzspieß, dem *pincho*, zusammengehalten wurden. Dieser Begriff hat sich zu einer besonderen regionalen Variante vielfältiger Formen von Tapas entwickelt, jener Tapas, die vor allem im Norden Spaniens die langen Tresen der Kneipen schmücken und die dort unter dem baskischen Begriff

Pintxos (gleich ausgesprochen) bekannt sind. San Sebastián ist die Hochburg der Pintxos: Hier werden sie in Kochbüchern, Kochkursen und bei überregionalen Wettbewerben auf hohem gastronomischen Niveau perfektioniert und ständig weiterentwickelt. Das Ergebnis ist absolut sehenswert und lecker!

Hier eine Auswahl typischer Tapas: Fleischbällchen in Tomatensoße (*albóndigas*), Gambas in Knoblauch *(gambas al ajillo)*, gebratene Paprikaschoten (*pimientos de padrón*), Brot mit Aioli *(pan con aioli)*, spanische Tortilla (*tortilla española*), scharfe Kartoffelecken (*patatas bravas*), gefüllte rote Paprikaschoten (*pimientos de piquillo rellenos*). Die Auswahl für Vegetarier ist dabei leider gering, denn die meisten klassischen Gerichte enthalten Fleisch oder Fisch.

Die Liebe zum Fisch ist sicherlich der Nähe zum Meer geschuldet, insbesondere in Regionen wie Galicien, aus dem die Hälfte aller Fischer Spaniens stammt. Jeder zweite von ihnen ist im industriellen Fischfang beschäftigt, der immer wieder in der Kritik steht, da die riesigen Schleppnetze den Meeresboden zerstören. Die großen Flotten machen den kleinen Fischern so viel Konkurrenz, dass diese oft nicht wissen, wie sie überleben sollen. Die Zahl der Fischer in Spanien sinkt daher ständig.

Im Landesinneren Spaniens enthalten traditionelle Gerichte häufig Fleisch, so wie der Cocido Madrileño, ein Kichererbseneintopf, für den die Hauptstadt Madrid überregional bekannt ist. Außer den Kichererbsen gehören noch Kartoffeln, Weißkohl und Rüben hinein, und natürlich reichlich Fleisch: Frischer Schweinebauch, Chorizo (eine würzige Paprikawurst, Blutwurst, Serrano-Schinken, Rinderbein und Hühnerfleisch. Das alles wird zwar in einem Topf gekocht, aber final dann in drei Gängen serviert: Zuerst wird die Brühe aus dem Topf abgeschöpft und mit Suppennudeln serviert, dann folgt das Gemüse und in einem dritten und letzten Gang schließlich das Fleisch. Traditionell aß man den Cocido gerne an Festtagen mit der ganzen Familie, denn er ist ein Gericht, das gut für große Mengen vorbereitet werden kann. Mittlerweile hat er so großen Kultstatus erreicht, dass er als eine Art Delikatesse in vielen Restaurants serviert wird.

Kichererbsen waren in Spanien übrigens bereits den Römern bekannt, so richtig beliebt waren sie allerdings erst ab dem 16. Jahrhundert, als sie zu einem der Hauptnahrungsmittel Kastiliens wurden. Zum Ursprung des Cocido vermutet man auch, dass er sich aus dem sephardischen Gericht Adafina entwickelte. Während der Verfolgung der spanischen Juden im 15. und 16. Jahrhundert fügte man dem Gericht Schweinefleisch hinzu, um erkenntlich zu machen, dass man Christ und kein Jude war.

So besonders der Cocido ist, ein anderes Gericht stiehlt ihm die Show als Nationalgericht Spaniens: die Paella. Sie hat ihren Ursprung in Valencia, doch wird sie dort regional unterschiedlich zubereitet. Die in Deutschland bekannte und beliebte Variante enthält Meeresfrüchte - und stellt damit nicht die ursprünglichste Form dieses Gerichts dar. In einer traditionellen Paella dürfen niemals fehlen: Reis, Tomaten, Safran, Kaninchenfleisch, dicke weiße Bohnen, Stangenbohnen und Hühnchen. Der Reis sollte ausschließlich aus der Comunidad Valenciana stammen. Der ein oder andere Traditionskoch fügt der Paella gerne noch Schnecken und Ente, und zum Würzen Paprika, Rosmarin und Knoblauch hinzu - allerdings ist das unter echten Kennern umstritten. Einig ist man sich jedoch in einer weiteren Sache - und hier kommt die Schwierigkeit für diejenigen, die sich aufs Nachkochen gefreut haben: Die Paella sollte über einem offenen Holzfeuer gekocht werden.

Wer vegetarisch unterwegs ist, hat es beim Reisen durch Spanien bisweilen schwer, denn die vegetarische Esskultur ist noch längst nicht bis in jede Ecke Spaniens vorgedrungen. Inmitten all der bunten Tapas und anderer regionaler Gerichte findet sich jedoch immer wieder der ein oder andere fleischlose Leckerbissen. Ich persönlich bin Fan der Gazpacho Andaluz, der kalten Gemüsesuppe, die tatsächlich hundertprozentig vegetarisch ist und verfeinert mit ein wenig Olivenöl und Meersalz, besonders an heißen Tagen, ganz hervorragend schmeckt.

Die spanische Küche in Deutschland

Supermärkte

- Hamburg: La Torre GmbH, Lagerstr. 36
- Bremerhaven: Mercado Ibérico - Portugiesische und Spanische Lebensmittel, Goethestraße 80
- Hannover: Ibérica Groß- und Einzelhandel, Tillystraße 2
- Berlin: Super Ibérico, Markgrafenstraße 68
- Dresden: MercaSito Spanische Lebensmittelund Spezialitäten, Oschatzerstr. 9
- Karlsruhe: Comestibles España, Luisenstraße 6
- Köln: Solera Lebensmittel GmbH, Mathias-Brüggen-Straße 1

Kochkurse

- an 13 Veranstaltungsorten in Deutschland: https://www.jochen-schweizer.de
- in Senden (nahe Münster): https://www.wuerzpfade-kochschule.de
- in Hamburg: https://www.kurkuma-hamburg.de
- in Düsseldorf: http://kochschule-duesseldorf.com
- in Köln: https://www.tapas-kochkurs.de
- in Berlin: https://www.goldhahnundsampson.de
- in München: https://www.kochdichgluecklich.de

Auf Spaniens höchstem Berg – Teneriffa

Seit fast einer Stunde windet sich die enge Landstraße über flachere Abschnitte der ansonsten steilen Gebirgsflanken. Die Sonne steht schon tief und spiegelt sich auf dem flirrenden Asphalt. Am Wegesrand stehen trockenes Gebüsch und die Überreste einiger Agaven mit ihren scharfrandigen, harten Blättern. Es sind heute nicht viele Autos unterwegs, zum Glück, denn die Straße scheint immer enger und kurviger zu werden. Dann, endlich, ein Aussichtspunkt. Als wir aussteigen, schlägt uns die stehende Hitze entgegen. Und dann, doch, ein feines Lüftchen.

Ich strecke meine Arme in die Höhe, lege den Kopf in den Nacken. Es tut gut, die eingeschlafenen Glieder nach einer langen Autofahrt wieder zu bewegen. Ich sehe, dass weit oben ein Mäusebussard seine Kreise zieht. In der Stille hier ist es, als könnte ich seine im Wind pfeifenden Flügel hören. Als ich mich an die Brüstung der Haltebucht lehne, kann ich sehen, dass es tief hinunter geht. Der Boden ist trocken, sandfarben und mit grünlich-braunen Büschen übersät – Pflanzen, die sich dieser trockenen Umgebung angepasst haben.

Der Ausblick ist spektakulär. Vor uns liegt das bis zu 1.345 Meter hohe Teno-Gebirge, das den äußersten Nordwesten Teneriffas bildet. Seine dunklen, oben abgeflachten Spitzen sind klar abgetrennte Ränder, die von einem Maler auf die Leinwand des endlos weiten Atlantischen Ozeans gepinselt wurden. Mitten hinein in das von der Sonne hell spiegelnde, glitzernde Wasser hat der außerordentlich begabte Maler eine dunkel aufragende Insel gemalt, die Nachbarinsel La Gomera.

Die Straße, von der wir gekommen sind, schlängelt sich unter uns über die Rücken der steil abfallenden Hügel. Tief unter uns liegt die berühmte Masca-Schlucht, Ziel von Wanderern, die gemütliche Strecken scheuen und eher abenteuerlich unterwegs sind. Sie lassen ihre

Autos an der Straße stehen und nehmen, wenn sie ganz unten angekommen sind, ein Boot zurück. Das will ich unbedingt auch machen, denke ich, aber es muss wohl ein anderes Mal sein, nicht heute.

Wahnsinn, was hat diese Insel noch zu bieten?? Bereits nach diesem ersten Tag kann ich verstehen, dass meine Freundin Steffi sich Teneriffa als ihre Wahlheimat ausgesucht hat. Obwohl es in ihrem Fall kein Zufall, sondern ein Streich der Liebe ist – ihrem damaligen Freund folgte sie bereits während ihres Studiums dorthin. Ich besuche sie hier, zusammen mit einem Freund.

Spektakuläre Ausblicke auf das Meer haben wir fast überall auf der Insel. Wenig später halten wir in La Orotava, einer Kleinstadt an der Ostseite der Insel, an. Wir stellen das Auto ab und laufen durch die kleinen Gassen an weiß getünchten Häuserfassaden vorbei. In der Ferne leuchtet das blaue Meer, davor die leicht geneigten, orangeroten Dächer der Häuser, die sich am Hang in- und übereinander schieben. Zwischen den Häusern ragt der ein oder andere Kirchturm auf: Teneriffa ist, wie ganz Spanien, hochkatholisch – wenn auch viele ihren Glauben nicht mehr praktizieren. Ebenso typisch hier sind die kanarischen Drachenbäume, die immer wieder zu sehen sind. Diese baumförmigen Pflanzen aus der Familie der Spargelgewächse sind ausschließlich in den Tropen und Subtropen zu finden, zwei Arten gibt es auf den Kanarischen Inseln.

Noch etwas ist hier auffällig und wunderschön: Viele Häuser haben braune Holzfenster und holzvertäfelte, kassettenförmige Balkone. Sie sind traditionellerweise aus dem Holz der Kanarischen Kiefer gefertigt – ein dichtes, hartes und widerstandsfähiges Holz. Weil diese Bäume seit einiger Zeit unter Schutz stehen, wird mittlerweile auch das Holz der Weihrauch-Kiefer oder afrikanisches Irokoholz genutzt. Ursprünglich dienten die Balkone sowohl als Sonnenschutz als auch als Statussymbol: Ihre Größe, Form und Material gaben Auskunft über den Reichtum des Besitzers.

In ihrer Gestaltung sind portugiesische, andalusische und arabische Einflüsse zu erkennen, eine Folge der Besiedlung der Inseln durch Festlandspanier ab dem 14. Jahrhundert. Arabische Elemente sind deshalb vorhanden, weil ganz Spanien, besonders aber der Süden, lange Jahre unter arabischer Herrschaft stand. Der eigene, typisch kanarische Stil der Balkone entwickelte und verfestigte sich dann im Laufe des 16. Jahrhunderts. Aus Holz gebaute Balkone sind übrigens auch in ehemals kolonialisierten Ländern wie Peru und Kuba zu finden – kein Wunder, denn für viele Seefahrer waren die Kanarischen Inseln die erste Station auf dem Weg nach Amerika.

Auch in San Cristóbal de La Laguna, das von allen kurz La Laguna genannt wird, gibt es solche hölzernen Balkone. Die Stadt liegt im Inneren der Insel, in kurzer Entfernung von der Hauptstadt Santa Cruz, und besitzt eine typisch kanarische Altstadt. Und sie ist Universitätsstadt, weshalb meine Freundin Steffi hier lebt. Auch wenn es einer der regenreichsten Orte ist, ist es für sie der schönste Ort der Insel, denn er ist traditionell und modern zugleich und trotz der touristischen Erschließung authentisch geblieben.

Dass La Laguna, wie auch andere Orte auf der Insel, traditionell geblieben ist, wird am nächsten Tag deutlich, als sich in der Altstadt unsere Wege mit denen einer Romería kreuzen. Diese traditionellen Prozessionen ehren die jeweiligen Heiligen der Dörfer und Städte, die für eine gute Ernte gesorgt haben. Die in Trachten gekleideten Bauern ziehen dafür mit ihren Tieren – Ziegen, Schafe, Ochsen – musizierend und singend durch die Straßen. Ihren Ursprung haben diese Umzüge in religiösen Pilgerwanderungen nach Rom, daher auch der ähnlich lautende Name.

„Habt ihr Lust, euch ein bisschen zu bewegen?“, fragt Steffi am Abend. Klar, haben wir, wir sind ja schließlich jung und nicht umsonst vier Stunden lang auf diese Insel geflogen: Wir möchten sie entdecken, von Norden nach Süden, von Osten nach Westen. „Dann habe ich eine Überraschung für euch“, fügt sie hinzu. Wir blicken sie gespannt an. „Morgen besteigen wir den Teide, Spaniens höchsten Berg, um dort den Sonnenaufgang zu erleben.“ Das klingt spannend – wir sind begeistert und freuen uns auf den nächsten Tag!

Am nächsten Vormittag packen wir unsere Rücksäcke, verpacken unsere Füße in dicken Wanderschuhen und besorgen uns Sandwiches, zwei Packungen Kekse und ein paar Wasserflaschen als Proviant. Es kann losgehen, wir sind bereit und hochmotiviert! Leider – oder glücklicherweise – wissen wir zu diesem Zeitpunkt noch nicht, was uns erwartet.

Der Weg mit dem Auto hinauf in Richtung des Nationalparks ist eindrucksvoll: Die Straße schlängelt sich durch Kiefernwälder, bis sie irgendwann die Wolken durchbricht und wir in den türkisfarbenen Glanz des unendlich weiten Himmels eingetaucht werden. Der schwarze Gipfel des Teide thront vor uns im gleißenden Sonnenlicht, auch er durchbricht die Wolken, die sich wie Wattebausche an seine Hänge schmiegen. Seine wohlgeformte Spitze ist das idealtypische Bild eines Vulkans aus dem Lehrbuch: Wenn ich einen malen müsste, würde ich ihn wohl genau so malen. Je näher wir ihm kommen, desto karger wird die Landschaft. Irgendwann wird es ganz deutlich: Wir befinden uns in vulkanischem Gebiet, fahren jetzt mitten durch den riesigen, die Vulkanspitze umgebenden Krater hindurch. Teneriffa ist, wie auch alle anderen sechs kanarischen Inseln, durch Vulkanismus entstanden, genauer gesagt durch die Wanderung der Afrikanischen Platte über einen Hotspot. Dass das bereits vor etwa 12 Millionen Jahren passierte, erscheint unvorstellbar.

Wir kommen an der Montaña Blanca an, dem Startpunkt unserer Wanderung. Wir parken das Auto auf einem öffentlichen Wanderparkplatz an der Landstraße und laufen beschwingt los. Die schlimmste Mittagshitze ist vorüber und wir bewältigen voller Energie die ersten Kurven, staksen die ersten kleineren Hügel hinauf. Von diesem Zeitpunkt an geht es nur noch bergauf, zunächst noch in mäßiger Steigung, mit stetem Blick auf die steil vor uns aufragende Flanke des Vulkans.

Ich beginne, mir erste Sorgen zu machen, als wieder und wieder äußerst fitte, professionell aussehende Wanderer in einem derart hohen Tempo an uns vorbeiziehen, dass ich mich frage, wie sie diese Geschwindigkeit angesichts des immer steiler werdenden Wegs durchhalten können. Aber gut, auch wir sind noch voller Energie und laufen – in unserem Tempo – weiter. Die Landschaft ist wunderschön: Der Boden ist mit rötlich-gelbem Bimsstein bedeckt. Der Weg schlängelt sich um riesige Gesteinsbrocken, die sogenannten „Eier des Teide" herum, als hätte der Vulkan sie ausgespuckt und dann vergessen. Im Hintergrund, weiter unten, bedecken die Wolken regungslos, wie dicke Wattebausche den Rest der Insel, als interessiere sie nicht, was hier über ihnen passiert. Pflanzen und Tiere sehen wir hier nicht mehr – keine Kanareneidechse und auch nicht den ausschließlich hier in diesem Nationalpark vorkommenden Käfer Pimelia ascendens.

Die Wanderung wird anstrengender, als wir am eigentlichen Vulkankegel ankommen. Hier beträgt die Steigung bis zu 60 Prozent, ein Ende ist nicht in Sicht. Der Gipfel des Teide ist immerhin 3.718 Meter hoch, der Startpunkt der Wanderung liegt bei 2.348 Metern. Der Weg nach oben hat nur eine Gesamtlänge von 8,31 Kilometern, aber die zu überwindenden Höhenmeter haben's in sich. Jetzt langsam mache ich mir ernsthafte Sorgen, dass wir uns mit der Wanderung übernommen haben könnten. Die Sonne steht schon recht tief am Himmel, unsere Sandwiches sind aufgegessen und dass die Luft dünner wird, je höher wir kommen, ist auch schon spürbar.

Aber die Wanderung ist die einzige Möglichkeit, den Sonnenaufgang dort oben zu erleben – außerdem liegt bereits schon mehr als die Hälfte des Weges hinter uns. Also laufen wir weiter. Der Ausblick auf die unwirkliche Mondlandschaft entschädigt für alle Anstrengungen. Unsere Gespräche werden weniger, aber ich kann nicht sagen, ob es der Ausblick ist, der uns sprachlos macht, oder die dünne Luft, die uns keuchen und immer wieder innehalten lässt. Irgendwann konzentrieren wir uns nur noch darauf, einen Schritt vor den anderen zu machen. Die Sonne sinkt immer weiter in Richtung Wolkendecke. Die Zeit drängt, denn wir wollen noch vor Sonnenuntergang in der Herberge ankommen – diese liegt auf 3.260 Metern Höhe. Angesichts der Tatsache, dass wir unsere Taschenlampen zu Hause vergessen haben, erscheint das ein Ziel, das wir unbedingt erreichen sollten. Wir sind so spät dran, dass uns jetzt niemand mehr überholt.

Kurz vor Einbruch der Dunkelheit, mit deutlich mehr Glück als Verstand, erreichen wir schließlich die Herberge, sind durstig und ausgehungert und freuen uns darauf, uns auszuruhen und etwas zu essen. Aber was??? Mit Schrecken stellen wir fest, dass die Herberge kein Restaurant betreibt, nur eine Küche, in der sich die anderen Wanderer jetzt dampfende Suppen und duftende Nudelgerichte aufwärmen – die sie sich selbst mitgebracht haben! Beschämt angesichts unserer mangelnden Vorbereitung ziehen wir uns in eine Ecke zurück, zählen unsere Kekse ab und kauen darauf herum. Das muss bis morgen reichen, bis wir zurück am Auto und in der Zivilsation sind.

Trotz allem verströmt der Abend dort oben, fernab von Autos, der schlechten Luft und den Geräuschen der Stadt, eine besondere Atmosphäre: Es herrscht absolute Stille, die Luft ist kristallklar und kalt, die Natur zeigt sich von ihrer ursprünglichsten Seite. Der Berg und seine Flanken, die vielen kleineren Berge, Hügel und Krater mit ihren jeweils eigenen Landschaftsformen, liegen uns hier zu Füßen. Seit 2007 zählt der Parque Nacional del Teide zum UNESCO Weltnaturerbe. Dazu zählen der Gipfel selbst und der riesige Krater des Vulkans, der einen Durchmesser von 17 Kilometern hat. Der letzte Ausbruch erfolgte 1909, allerdings an einem 10 Kilometer nordwestlich des Gipfels gelegenen Punkt.

Am nächsten Morgen klingelt der Wecker, als es draußen noch stockfinster ist. Auch in den Betten der anderen Wanderer im Schlafsaal rascheln die Schlafsäcke, werden Rucksäcke bereits für den Weitermarsch gepackt. Als wir hinaus in die Dunkelheit treten, wird uns bewusst, dass die fehlenden Taschenlampen jetzt eine echte Katastrophe darstellen, denn ein paar Meter abseits der Herberge ist es so dunkel, dass wir nicht mal mehr die eigene Hand vor Augen sehen können. Der Wirt der Herberge hat Mitleid mit uns: Als absolute Ausnahme – wie er sagt – leiht er uns seine und wir sind ihm unendlich dankbar dafür.

Hintereinander tapsen wir dann in den tiefschwarzen Hang des Vulkans, immer dem schwachen Lichtschein der Taschenlampe hinterher, der als kleiner Punkt auf dem Boden für den hintersten von uns gerade noch erkennbar ist. Der Gipfel des Teide liegt jetzt nur noch etwa 300 Meter über uns, aber der Weg ist steinig und uneben und so stolpern wir mehr, als dass wir gehen. Ich habe schlecht geschlafen und fühle mich nicht unbedingt fitter als gestern Abend, zumal auch noch ein dicker Muskelkater hinzugekommen ist. Die Gesichter der anderen sehen aufgequollen aus, sie klagen über Kopfschmerzen, das Atmen fällt uns zusehends schwerer.

Zum ersten Mal überlege ich, noch vor dem Gipfel umzukehren, denn in dieser Höhe kann einen bereits die berühmt-berüchtigte Höhenkrankheit heimsuchen, die besonders dann auftritt, wenn man sich ohne Akklimatisierung in Höhen über 2.500 Metern begibt und anstrengende körperliche Aktivitäten ausführt. Immerhin haben wir uns am Tag zuvor von Meeresspiegelniveau auf über 3000 Meter begeben – ganz ohne uns zu akklimatisieren, und aufgrund des Zeitmangels eher gehetzt als ganz in Ruhe.

Wir gehen noch einige Meter weiter, bevor ich es ausspreche: „Lasst uns zurückgehen, bevor es uns schlechter geht!“ Die anderen stimmen sofort zu und mit hängenden Köpfen drehen wir um – der Gipfel ist quasi schon in Sichtweite – und treten den Rückweg an. Je tiefer wir kommen, desto besser geht es uns. Die letzten Krümel Keks teilen wir gerecht unter uns auf und freuen uns überschwänglich, als wir am Auto ankommen. Zu Hause angekommen füllen wir unsere Mägen erstmal mit einer ordentlichen Pasta. Was für ein Ausflug!

Allen Widrigkeiten zum Trotz kann ich diese Wanderung aufgrund des besonderen Naturerlebnisses nur jedem empfehlen. Wer sie macht, sollte sich bitte kein Beispiel an unserem Leichtsinn nehmen, sondern stattdessen ausreichend Essen und Trinken sowie eine Taschenlampe einpacken und sich genügend Zeit für den anstrengenden Aufstieg lassen.

Wer die Anstrengung scheut kann übrigens auch mit der Seilbahn bis auf 3555 Meter Höhe fahren, dies allerdings erst nach Sonnenaufgang. Die letzten knapp 200 Meter müssen dann zu Fuß zurückgelegt werden und man braucht für diesen Teilabschnitt des Weges eine Genehmigung der Parkverwaltung.

Kartoffeln auf kanarische Art – ein traditionelles Rezept zum Nachkochen

Papas arrugadas con mojo picón y mojo verde

Zutaten:
kleine Kartoffeln, 1/2 Packung Meersalz, 1/2 Bund Petersilie, 4 Knoblauchzehen, 2 Prisen Salz, Olivenöl, 2 Schuss weißer Balsamico, 1 rote Paprika, 1 kleine Chilischote,

Zubereitung:
Möglichst kleine, runde Kartoffeln mit einem halben Paket Meersalz und wenig Wasser bedecken und zum Kochen bringen. Die Kartoffeln so lange kochen, bis sie gar sind und mit einer weißen Kruste aus Salz bedeckt sind.

Für die grüne Soße:
die Petersilie, 2 Zehen Knoblauch, Salz und 1 Schuss Balsamico in einen Pürierbecher geben. Mit Olivenöl bedecken und alles pürieren. Für die rote Soße die Paprika, 2 Knoblauchzehen, die Chilischote und 1 Schuss Balsamico in einen Pürierbecher geben und alles pürieren.

Tomaten, Wasser und die Diktatur – ein Blick in die Geschichte des 20. Jahrhunderts

Der Bus rattert mit hoher Geschwindigkeit über die Autobahn. Felder, Häuser und Gewerbegebiete rasen hinter den Glasscheiben der Fenster vorbei. Obwohl die Luft hier im klimatisierten Bus kalt ist, kann ich spüren, dass es draußen heiß ist: Der Untergrund ist trocken, das Grün der Bäume ist nicht mehr so leuchtend wie im Frühling, wenn sich der Staub noch nicht auf ihre Blätter gelegt hat.

Ich bin auf dem Weg von Andalusien die Küste hinauf in Richtung Katalonien, möchte noch in Valencia und Tarragona halten, um dann schließlich den Flieger von Barcelona aus zurück nach Deutschland zu nehmen. Es sind schon fast zwei Stunden vergangen, seit ich in Málaga in den großen Reisebus gestiegen bin. Außer mir sind noch einige Andere unterwegs, viele davon alleinreisend, die meisten sind Spanier, die den Bus als Verkehrsmittel nutzen, wie in Deutschland die Bahn genutzt wird.

Wir fahren von der Autobahn ab, um die nächste Haltestelle anzusteuern. Rechts und links, auf beiden Seiten der Straße, sind die weißen Planen von Gewächshäusern zu sehen. Es müssen riesige Plantagen sein, an denen wir vorbeisteuern, denn das Weiß des Plastiks hört einfach nicht auf, an meinem Auge vorbeizuziehen. Es wird nur dort unterbrochen, wo kleine Wege in die im Wind leicht wogenden Felder von Planen hineinführen und sich darin verlieren. Ich schaue nach vorne, aber auch dort ist kein Ende in Sicht.

Auf einem Schild am Straßenrand kann ich lesen, wie dieser Ort heißt: El Ejido. Ich werde neugierig und suche mit dem Handy den Namen dieser Stadt. Die Bilder, die dann erscheinen, passen zu dem, was ich sehen kann: In dieser Gegend stehen Gewächshäuser, soweit das Auge reicht. Selbst aus dem Weltall, lese ich, kann man das Weiß erkennen! Und tatsächlich, auf einem Satellitenbild hebt sich die weiße Ausbuchtung des Landes im östlichen Andalusien deutlich von seiner trockenen, gelblich-braunen Umgebung ab.

El Ejido gilt als Europas Gemüsegarten. In der Nähe dieser Stadt produzieren 15.000 Bauern auf einer Fläche, die ungefähr 50.000 Fußballfeldern entspricht, etwa drei Millionen Tonnen Treibhausgemüse pro Jahr: Tomaten, Gurken, Paprika, Zucchini, Auberginen, Wassermelonen, Bohnen, Erdbeeren. Mehr als die Hälfte davon wird in westeuropäische Länder exportiert, auch wir in Deutschland erhalten einen Großteil unseres Obstes und Gemüses aus dieser Region.

Das *Mar de plástico* ist in der Vergangenheit allerdings immer wieder in die Kritik geraten: Die ursprüngliche Naturlandschaft der Umgebung von El Ejido musste den Planen der Gewächshäuser vollständig weichen. Weil die Planen nicht immer richtig entsorgt werden oder durch Stürme weggerissen werden, vermüllen sie immer wieder die Umgebung und das Meer. Durch Pestizide und Düngemittel werden Ackerböden in besorgniserregendem Maße zerstört und Grundwasserressourcen verunreinigt. Gut, dass in den letzten Jahren die Nachfrage nach biologisch angebautem Gemüse die Landwirtschaft dahingehend verändert hat, dass immer mehr Bauern auf konventionelle Insektizide verzichten.

Der Standortvorteil der Bauern in dieser Region ist eindeutig die Sonne, die hier fast täglich scheint. Der größte Nachteil: das fehlende Wasser, denn die Region um Almería ist eine der trockensten Gegenden Spaniens. Gemüse hingegen benötigt zum Wachsen viel Wasser: Für die Produktion von 1 Kilogramm Tomaten werden 110 Liter Wasser verbraucht, bei anderen Obst- und Gemüsesorten liegt der Verbrauch sogar noch höher.

Woher kommt also das Wasser, das die Landwirtschaft so dringend braucht? Zu einem großen Teil wird es staatlichen Brunnen entnommen. Auch wenn versucht wird, durch Tröpfchenbewässerung und moderne Sensoren die Effizienz der Bewässerung zu steigern, ist der Wasserverbrauch enorm und lässt den Grundwasserspiegel erheblich sinken; dies wird durch den wachsenden Tourismus in der Region weiter verstärkt.

Eine problematische Folge des sinkenden Grundwasserspiegels ist, dass Meerwasser in die oberen Schichten des Bodens eindringen und sie versalzen kann. Immer mehr Wasser stammt deshalb aus Entsalzungsanlagen, die allerdings erhebliche Nachteile mit sich bringen. Zum einen sind sie teuer und müssen deshalb subventioniert werden; zum anderen verbrauchen sie viel Energie, die aus fossilen Brennstoffen stammt. Zwar wird im Labor bereits an klimafreundlicheren Anlagen geforscht, die Sonnenlicht als Energiequelle nutzen, weitere umweltrelevante Folgen bleiben jedoch ungelöst: Das dem Wasser entzogene Salz landet größtenteils wieder im Meer und steigert dort erheblich den Salzgehalt, was negative Folgen für Fische, Korallen und Pflanzen hat.

Eine weitere Wasserquelle ist für die Landwirtschaft deshalb von Bedeutung: Wasser aus anderen Teilen des Landes wird über riesige Kanalsysteme in den Süden Spaniens gebracht. An dieser Stelle lohnt sich ein Blick in die Geschichte des Landes, denn es war maßgeblich Spaniens Diktator Francisco Franco, der das Kanalystem des Landes ausgebaut und mehr als 600 Staudämme errichtet hat. Nicht umsonst erhielt Franco, der von 1939 bis 1975 regierte, den Spitznamen Paco Rana – *Paco* ist die Kurzform von Francisco, *Rana* bedeutet „Frosch": Spanien ist heute mit seinen über 1.300 Staudämmen das Land mit der höchsten Anzahl an Stauseen gemessen an der Anzahl der Einwohner!

Das Wasserthema erklärten Franco und seine Anhänger nach der Machtübernahme ganz bewusst zu einer ihrer Prioritäten; das Problem des Wassermangels im Süden wurde als kollektive Aufgabe gesehen, deren Lösung gleichzeitig auch von anderen sozialen Ungerechtigkeiten, wie zum Beispiel der ungleichen Verteilung von Land, ablenken konnte. Bilder von der Einweihung von Staudämmen bewiesen die scheinbare Fortschrittlichkeit der Regierung und untermauerten ihren Erfolg.

Die faschistische Regierung Francos setzte sich auch zum Ziel, Wasser aus verschiedenen Flusseinzugsgebieten in andere zu transferieren. Ergebnis davon ist unter anderem das bisher größte Wasserprojekt in Spanien: der Tajo-Segura-Kanal, dessen Bau 1966 begann. Auf 286 Kilometern transportiert dieser Kanal Wasser vom in Zentralspanien fließenden Tajo in Richtung Murcia an der Mittelmeerküste. Das Wasser überwindet dabei mit Hilfe von Pumpen einen

Höhenunterschied von über 200 Metern. Auch dieses Wasserprojekt ist nicht unproblematisch, denn vom Oberlauf des Tajo werden bis zu 60 Prozent des Wassers abgezapft; infolgedessen steigt der Anteil industrieller Abwässer im Tajo, das Wasser gilt als stark kontaminiert.

Der Erfolg dieser und anderer Wasserbauprojekte gründete sich auch auf den Einsatz von Gefangenen als Arbeitskräfte. Beim Bau des andalusischen Canal del Bajo Guadalquivir beispielsweise arbeiteten zwischen 1940 und 1962 mehr als 2.500 politische Gefangene.

Die erzwungene Arbeit in solchen Großprojekten war nicht die einzige Art und Weise, wie Gefangene des Regimes – darunter Regimekritiker, Kommunisten und Republikaner – unter den Franquisten litten. Viele von ihnen verschwanden, wurden verhaftet oder hingerichtet. Die Exekutierten wurden dann häufig anonym in Massengräbern verscharrt. Insbesondere während des Bürgerkriegs und in den Jahren danach übte die Falange, die Partei des Machthabers Franco, Rache an ihren politischen Gegnern, nicht selten auch, indem sie in Arbeitslagern gefoltert wurden. Erst 1962 wurden die letzten der rund 190 Arbeitslager Francos geschlossen. Auch nach ihrer Freilassung litten Regimegegner und ihre Familien jedoch häufig unter Diskriminierung und Benachteiligung. Inzwischen weiß man, dass den Frauen ihre Babys nach der Geburt weggenommen und zur Adoption freigegeben wurden, während man den Familien erzählte, sie seien bei der Geburt gestorben.

Doch was war in Spanien eigentlich passiert, dass es so weit kommen konnte? Nach einer Zeit der großen Armut zu Beginn des 20. Jahrhunderts und der Diktatur Primo de Riveras (1923-1930) kommt 1931 eine republikanische Regierung an die Macht. Während der sogenannten Segunda República („Zweite Republik"), führt die linke Regierung viele bahnbrechende Reformen durch, um wirtschaftliche Krisen und soziale Ungerechtigkeiten zu beenden: Zum Beispiel säkularisiert sie das Bildungssystem und enteignet Großgrundbesitzer, um das Land den Bauern zu geben, die es bearbeiten. Nach einem Staatsstreich von Militär und Kirche bricht 1936 jedoch Bürgerkrieg im Land aus. In den folgenden drei Jahren kämpfen linke Republikaner gegen rechte Nationalisten. Letztere werden von General Franco geführt und durch Diktatoren wie Hitler und Mussolini unterstützt. Hitler entsendet die

Legion Condor, eine Fliegerstaffel der nationalsozialistischen Luftwaffe, zur Unterstützung der putschenden Franquisten, während man auf italienischer Seite mit der Corpo Truppe Volontarie Ähnliches beabsichtigt. Beide Fliegerstaffeln sind maßgeblich für den großflächigen Luftangriff auf eine Kleinstadt im nordspanischen Baskenland im Jahre 1937 verantwortlich: Guernika. Pablo Picasso hält die Zerstörung der Stadt noch im selben Jahr im gleichnamigen Gemälde fest, das ihr zu unglücklich erlangtem Ruhm verhilft.

Der Widerstand der Republikaner ist zwecklos: Nach unzähligen weiteren blutigen Kämpfen an der Front gewinnt Francisco Franco 1939 den Bürgerkrieg und errichtet eine national-katholische Diktatur, die fortan unter der Bezeichnung Franquismus bekannt ist. Sie dauert an, bis er 1975 an einem Herzversagen stirbt. In dieser Diktatur ist nur eine Partei, die Falange, zugelassen. Wichtige politische Ämter werden auf der Basis persönlicher Beziehungen besetzt. Es gibt in dieser Zeit keine Verfassung, sondern lediglich eine geringe Anzahl von Grundgesetzen, die Franco selbst erlässt.

In den letzten Jahren der Diktatur ernennt Franco den Prinzen von Spanien, Juan Carlos I, als seinen Nachfolger. Als Juan Carlos 1975 König wird, entscheidet er sich, Spanien auf den Weg in die Demokratie zu bringen. Es folgt die Zeit des Übergangs, in der erste Wahlen für das Parlament stattfinden (1977) und eine Konstitution verabschiedet wird (1978), die Spanien als parlamentarische Monarchie definiert und bis heute Bestand hat.

Wenn auch die Ära Francisco Francos zu dieser Zeit bereits endgültig beendet ist, wird der Prozess der Aufarbeitung durch ein 1977 erlassenes Amnestiegesetz erschwert, demzufolge die Verbrechen der Diktatur ungestraft bleiben. In dieser Zeit ist es ein Tabu, über den Franquismus zu sprechen. Vielleicht als Folge dieser Umstände sind Diskussionen über die Möglichkeiten der Aufarbeitung bis heute schwierig. Dennoch ist der Prozess der Aufarbeitung voll im Gang, bisweilen spaltet und erhitzt er die Gemüter Spaniens. Konkrete Überbleibsel der Geschichte – wie Straßennamen und Denkmäler – überdauern bis heute.

Erst in den letzten Jahren ist die Gesellschaft in Bezug auf dieses Thema offener geworden: Viele Angehörige begeben sich auf die

Suche nach Überresten ihrer Verwandten, die während des franquistischen Regimes verschwanden, Massengräber dürfen seit 2007 auf gerichtliche Anordnung hin exhumiert werden. Seit 2015 verlegt der deutsche Künstler Gunter Demnig Stolpersteine an verschiedenen Orten in Katalonien, in Madrid und auf den Balearen; sie sollen an die Verbrechen der Diktatur erinnern. Erst 2019 beschloss man außerdem, den einbalsamierten Leichnam Francos aus seiner Grabstätte in einem monumentalen Mausoleum auf einen schlichteren Friedhof am Rande von Madrid umzubetten, auf dem auch seine Witwe liegt. Bis dahin waren Anhänger des franquistischen Regimes alljährlich zum Mausoleum im Valle de los Caídos gepilgert, das er selbst zu Lebzeiten von 20.000 Zwangsarbeitern hatte errichten lassen.

Die große Herausforderung, die Spanien bei der Aufarbeitung seiner Vergangenheit bewältigen muss, ist nur ein Teil des Erbes, das die Geschichte des 20. Jahrhunderts hinterlassen hat. An den anderen – die riesigen Staudämme und Wasserkanäle, die in dieser Zeit gebaut wurden und die aktuellen Probleme der Wasserversorgung – erinnern wir uns vielleicht demnächst, wenn wir wieder mal in eine saftige Tomate aus Spanien beißen oder die berühmten Albóndigas kochen, die von einer Soße aus spanischen Tomaten begleitet werden.

Lieblingsgemüse Tomate – Zwei Klassiker der spanischen Küche zum Nachkochen

Papas bravas – Knusprige Kartoffelecken mit scharfer Tomatensoße

Zutaten für 3-4 Portionen Tapas:
900 g Kartoffeln, Olivenöl, Salz, Pfeffer, 1 kleine Zwiebel, 2 Knoblauchzehen, 1 Dose gestückelte Tomaten, 1 El Tomatenmark, 2 El Paprikagewürz, 1 kleine Chili, 1 Prise Zucker, 3 Stengel Petersilie

Zubereitung:
Den Ofen auf 200 Grad vorheizen. Die Kartoffeln in Würfel oder Spalten schneiden, mit Küchenpapier abtupfen und in eine Auflaufform füllen. Darüber 3 El Olivenöl verteilen und mit Salz und Pfeffer würzen. Gut durchmischen und etwa 35 Minuten im Ofen backen. Dann den Grill einschalten und weitere 15-20 Minuten backen, bis die Würfel knusprig und goldbraun sind.

Die Zwiebel würfeln und etwa 5 Minuten lang in 2 El Olivenöl braten, bis sie glasig wird. Währenddessen den Knoblauch würfeln und kurz mitanbraten. Die Chili klein hacken. Tomaten, Tomatenmark, Paprika, Chili und Zucker hinzufügen und zum Kochen bringen, dabei gelegentlich umrühren. Auf niedriger Hitze etwa 10 Minuten lang kochen, bis die Soße etwas eindickt. Mit Salz und Pfeffer abschmecken.

Die Kartoffeln in kleine Tonschälchen füllen, die Tomatensoße darauf geben. Das Ganze mit frischer Petersilie dekorieren.

Tostadas con tomate y aceite – Ein typisch spanisches Frühstück

Zutaten:
Tomaten, Weißbrot (z.B. Ciabatta), Olivenöl, Salz

Zubereitung:
Die Tomaten mit einer Reibe in kleine Stücke reiben, den Sud mit Salz und Olivenöl abschmecken. Das Brot toasten, so dass es knusprig ist, und mit der Tomatenmischung bestreichen. Mit ein paar Tropfen Olivenöl beträufeln. Fertig ist dieses typisch spanische Frühstück!

Egal wo, Hauptsache draußen – das soziale Leben in Spanien

Es ist mal wieder Zeit für unser Lieblingsfrühstück im Café in Santa Margalida, das wir schon häufiger während unseres Urlaubs auf Mallorca besucht haben: Tostadas, frisch gepresster Orangensaft, das Geschehen auf dem kleinen Dorfplatz beobachten. Wir sind auch heute – wie bisher immer – nicht die einzigen, die diesen Ort schätzen: Die Tische des Cafés sind voll belegt mit Senioren, die miteinander schwatzen, diskutieren oder einfach nur hier sitzen.

Man erzählt uns, dass die Stadtverwaltung dem Besitzer des Cafés die Miete erlässt. Im Gegenzug dürfen die Senioren hier sitzen, auch ohne etwas zu konsumieren. Das Ganze ist sozusagen eine Art subventionierter Seniorentreff – mit klaren Regeln, denn an der Tür hängt ein Schild: Wer sich hier aufhält, muss sich an die Regeln des Zusammenlebens und gegenseitigen Respekts halten, persönliche Dispute dürfen hier nicht ausgetragen werden. Ich muss grinsen, denn offensichtlich ist es nötig, darauf hinzuweisen.

Während ich meinen Orangensaft schlürfe, denke ich daran, dass manche Senioren in Deutschland dazu tendieren, sich in ihre eigenen vier Wände zurückzuziehen. Hier hingegen sitzen die Rentner mittendrin, am zentralen Platz des Dorfes, inmitten der anderen jungen, mittelalten und alten Einheimischen und Touristen wie uns; sie sind fester Bestandteil des gesellschaftlichen Lebens dieser Kleinstadt.

Nicht nur Senioren, die gesamte Familie wird in Spanien in das eigene soziale Leben integriert. Wer am Wochenende durch die Altstadt von Pamplona läuft, sieht Familien mit Kindern, Großeltern, Verwandten und Freunden, die die Bars und Restaurants bevölkern, ein paar Tapas zu sich nehmen und ein Gläschen Wein genießen.

Ganz klar, der familiäre Zusammenhalt hat in Spanien eine größere Bedeutung als in Deutschland. Allerdings ist auch hier das Modell einer Familie mit klassischer Rollenverteilung längst überholt, denn es gibt immer mehr Patchwork-Familien, unverheiratet miteinander lebende Paare, Familien mit Adoptivkindern und alleinerziehende Eltern. Gleichgeschlechtliche Ehen sind seit 2005 möglich – Spanien war damit das dritte Land weltweit, das sie legalisierte. Was den Nachwuchs betrifft, geht der Trend zu weniger Kindern und älteren Müttern.

Veränderte Familienstrukturen hin oder her, das Treffen in Bars und auf der Straße hat Tradition. Selbst enge Freunde trifft man eher dort als bei sich zu Hause. Wer also auch nach vielen Jahren Freundschaft nicht nach Hause eingeladen wird, sollte dies keinesfalls persönlich nehmen. Die berühmten spanischen Tapas erfüllen dabei übrigens ihre ganz eigene Funktion, denn die kleinen Häppchen können ganz unkompliziert zwischendurch verspeist werden. Man zieht dabei auch gerne von Kneipe zu Kneipe. Ein Glas Wein oder Bier ist meistens mit von der Partie. Allerdings gilt auch hier: Die Spanier trinken am liebsten in Gesellschaft, weniger zu Hause und selten alleine.

Das Prinzip „Egal wo, Hauptsache draußen" wird wohl vor allem von jungen Spaniern auf die Spitze getrieben, die sich zum Trinken auf der Straße zu einem sogenannten *Botellón* treffen (das doppelte l wird wie ein j gesprochen). Der Begriff ist die Vergrößerungsform des Wortes *botella* (Flasche), bedeutet wörtlich also „große Flasche" und bezeichnet kleinere und größere Ansammlungen junger Menschen, die auf der Straße oder auf Plätzen Alkohol konsumieren. Insbesondere seit Anfang der 90er Jahre hat man dieses Phänomen verstärkt beobachtet, der größte und bekannteste *Macrobotellón* fand im März 2004 in Sevilla mit etwa 70.000 Personen statt. Eine besondere Form des Botellóns existiert an der Costa Brava, nördlich von Barcelona, wo die jungen Leute sich auf miteinander vertäuten Booten in abgelegenen Buchten treffen. Dort, wie auch anderswo, werden die Botellones meist über die sozialen Medien organisiert.

Wer einmal zur Zeit der Siesta - wenn die Straßen leer und still sind – durch die Altstadt einer spanischen Stadt gelaufen ist, wird festgestellt haben, dass jeder vorsichtige Schritt laut durch die engen Gassen hallt. Es ist daher nicht verwunderlich, dass Anwohner sich durch den Lärm der Botellones gestört fühlen. Auch Eltern haben verstärkt Kritik geäußert, weil sie sich um ihre Kinder Sorgen machen. In der Tat sind Alkoholvergiftungen sowie der Konsum von Alkohol durch Minderjährige und Vandalismus keine seltenen Probleme.

Aufgrund der stärker werdenden Kritik haben viele der Autonomen Gemeinschaften Gesetze erlassen, die die Praxis der Botellones einschränken. Wie genau die Einschränkungen aussehen, ist jedoch von Region zu Region unterschiedlich: In Madrid und Castilla y León, zum Beispiel unterliegt der Konsum von Alkohol auf der Straße ab bestimmten Uhrzeiten Geldstrafen von mehreren Hundert Euro. In Extremadura wird der Botellón an sich nicht strafrechtlich verfolgt, jedoch ist reguliert, wo er stattfinden darf und wo nicht. In Andalusien wurden besondere Areale für Botellones geschaffen, die mit Toiletten und ausreichend Mülleimern ausgestattet sind. Hier wird auch genauer kontrolliert, an wen Alkohol verkauft wird. Valencia hat die strengste Regelung, denn dort dürfen keinerlei alkoholische Getränke – zu keiner Uhrzeit – auf der Straße konsumiert werden.

Trotz aller limitierenden Regelungen ist in den Medien weiterhin von Problemen im Zusammenhang mit Botellones zu lesen. Es bleibt spannend zu sehen, wie Spanien dieses Problem in Zukunft in den Griff kriegt. Irgendwie können einem die Jugendlichen auch ein wenig leidtun, denn im Grunde tun sie doch nichts anderes als ihre pensionierten Großeltern, die sich auf öffentlichen Plätzen zum Diskutieren, Spielen und Trinken versammeln – nur dass diese eben Kaffee statt Hochprozentigem konsumieren, sich zu humaneren Uhrzeiten treffen und sich dabei möglicherweise auch ruhiger verhalten. Na gut, Randalieren und Berge von Müll hinterlassen, tun die Senioren auch nicht – jedenfalls nicht hier auf dem Marktplatz von Santa Margalida!

10 Dinge, die Sie in Spanien tun sollten

1. **Tapas essen**: Das ist wirklich überall in Spanien zu günstigen Preisen möglich! Altbewährte Klassiker sind: Tortilla de patatas (Omelett mit Kartoffeln), Patatas/Papas Bravas (Kartoffelecken mit scharfer Tomatensoße), Jamón Ibérico (Schinken) und Croquetas (Kroketten, gefüllt mit Schinken oder Pilzen).
2. **Einen Tapas-Kochkurs in Spanien belegen:** Einen der vielzähligen Kurse auf spain.info oder withlocals.com buchen. Wer gleichzeitig Spanisch lernen will und in Cádiz unterwegs ist, wird hier fündig: https://learningandcooking.com.
3. **Einen Stierkampf anschauen:** Achtung: Nichts für schwache Nerven! Ein Platz der mittleren Kategorie kostet etwa 50 Euro.
4. **Eine Flamenco-Aufführung anschauen:** Vielfältige Angebote gibt es vor allem in Andalusien.
5. **Einen Vino Dulce in Sevilla trinken:** Den süßen Orangenwein entweder im Supermarkt kaufen und auf der eigenen Dachterrasse genießen oder im urigen Stehlokal in der zentral gelegenen Straße Mateo Gagos probieren.
6. **Einen Abschnitt auf dem Camino de Santiago wandern:** Empfehlenswert ist zum Beispiel der Abschnitt von Pamplona nach Puente La Reina (mit dem Linienbus aus der Stadt fahren und dort erst beginnen). Auch andere Abschnitte sind wunderschön!
7. **Eine kanarische Insel besuchen:** Das einzige Problem: Die Entscheidung für eine der sieben Inseln! Denn welche die schönste ist, ist unmöglich zu sagen.
8. **Spanisch lernen:** Neben den unzähligen Sprachschulen und ihren Angeboten ist auch das Lernen "im Tandem" eine tolle Möglichkeit, Spanisch von einem Muttersprachler zu lernen.
9. **Spaniens höchsten Gipfel besteigen:** Eindrucksvolle Vulkanlandschaften und wunderschöne Ausblicke bietet der Teide auf Teneriffa. Wer nicht wandern kann oder will, nimmt einfach die Seilbahn auf den Gipfel.
10. **Einen Rioja in La Rioja trinken:** Nicht umsonst ist dieser spanische Wein zu einem der bekanntesten Exportschlager geworden.

Der Wunsch nach Selbstbestimmung ist groß – Unabhängigkeitsbewegungen in Spanien

Die meisten von uns erinnern sich noch an die spektakulären Schlagzeilen von Anfang Oktober 2019: „Katalonien sagt ‚Ja'' zur Unabhängigkeit", „In Barcelona demonstrieren Hunderttausende gegen Polizeigewalt", „Die Banken verlassen Katalonien", „Spanien fürchtet eine wirtschaftliche Katastrophe", „Stabilität Kataloniens und ganz Spaniens ist in Gefahr". Selbst König Felipe, der sich normalerweise aus dem aktuellen politischen Geschehen heraushält, äußert sich erstmals in einer Fernsehansprache. Das Thema ist eines, das ganz Spanien bewegt. Schon lange.

Aber was ist bis dahin passiert? Auslöser der großen Aufregung ist das Referendum zur Unabhängigkeit Kataloniens, das der Präsident der katalanischen Regionalregierung, Carles Puigdemont, am 1.10.2017 durchführen lässt. Über 2,2 Millionen katalanische Wähler – das entspricht einer Wahlbeteiligung von etwa 43 Prozent – stellen sich der Frage, ob sie möchten, dass Katalonien zu einer unabhängigen Republik wird. Antwort einer großen Mehrheit – von 90 Prozent – lautet: „Ja".

Natürlich ist es nicht von heute auf morgen zu diesen einschneidenden Vorfällen gekommen. Bereits im Jahre 2014 hatte bei einer Volksbefragung über die politische Zukunft Kataloniens die große Mehrheit der Teilnehmer für dessen Unabhängigkeit von Spanien gestimmt – dieses Ergebnis hatte allerdings keine weiteren Folgen, da es sich lediglich um eine Befragung handelte. In den katalanischen Parlamentswahlen von 2015 gewinnt schließlich die Partei Junts pel Sí – ein starker Befürworter der Unabhängigkeit Kataloniens. Einen Monat vor der Durchführung des Referendums, im September 2017, erlässt das katalanische Parlament ein Gesetz, demzufolge das Ergebnis des Referendums bindend wird. Sollte also die Mehrheit der

Wähler am 1. Oktober mit „Ja" stimmen, muss die Unabhängigkeitserklärung zwingend erfolgen.

Für die spanische Regierung sind dieses Gesetz und das Referendum von Anfang an rechtswidrig, denn die Verfassung erlaubt keine Abstimmungen über die Unabhängigkeit einer Autonomen Gemeinschaft. Die Regierung in Madrid versucht deshalb, das Referendum bereits im Vorfeld seiner Durchführung zu verhindern: Die offizielle Homepage wird durch die spanischen Behörden geschlossen und die Guardia Civil sammelt Werbeplakate ein, bevor sie aufgehängt werden können. Der Medienkampagne der Regionalregierung mangelt es an Unternehmen, die bereit sind, den „illegalen" Auftrag durchzuführen. Ende Februar wird die Polizeipräsenz in Katalonien verstärkt, am Wahltag selber werden Wahllokale durch die Polizei geschlossen. Die Bemühungen der Zentralregierung sind am Ende vergeblich, zu zahlreich sind die Unterstützer des katalanischen Strebens nach Selbstbestimmung: Wahlurnen werden schlicht und einfach – gegen die Anordnungen der Polizei – auf die Straßen getragen. Es herrschen chaotische Zustände und so wird der Vorwurf später lauten, dass die Menschen sich nicht immer ausweisen mussten und möglicherweise mehrmals wählen durften. Interpretationen der Ereignisse variieren – manchmal schlichtweg entsprechend politischer Überzeugungen.

Nach der Durchführung des Referendums am 1. Oktober überschlagen sich die Ereignisse: Puigdemont müsste eigentlich die Unabhängigkeit erklären, setzt diesen Prozess aber aus, um in einen Dialog mit der spanischen Regierung zu treten. Die spanische Öffentlichkeit blickt gespannt auf die nächsten Schritte in dieser „Katalonien-Krise", während in Katalonien selbst vielerorts Demonstrationen gegen die Maßnahmen der Zentralregierung und für die Selbstbestimmung Kataloniens stattfinden. Die spanische Polizei, die Guardia Civil, wird für die Härte ihres Vorgehens zunehmend kritisiert.

Puigdemont unterzeichnet letztlich doch die Unabhängigkeitserklärung. In der Folge wird die gesamte Regionalregierung von der spanischen Regierung in Madrid abgesetzt. Darüber hinaus werden weitere umfassende Maßnahmen ergriffen: Zwei separatistische Aktivistenführer werden in U-Haft genommen – der Vorwurf lautet Anstiftung zum öffentlichen Aufruhr und Behinderung der Polizei.

Auch gegen Puigdemont selber, seinen Vizepräsidenten Oriol Junqueras und andere Regierungsmitglieder wird ein Haftbefehl erlassen – Punkte der Anklage sind Rebellion, Auflehnung gegen die Staatsgewalt und Veruntreuung öffentlicher Gelder.

Um einer Verhaftung zu entgehen, sucht Puigdemont mit vier seiner Minister in Belgien Zuflucht, trotz anfänglicher europäischer Haftbefehle, die aber bald wieder ausgesetzt werden. Weil der nationale Haftbefehl weiterhin besteht, engagiert sich Puigdemont aus dem Exil und unterstützt seinen Nachfolger Quim Torra, der bei den Parlamentswahlen im Dezember 2017 zum neuen Parlamentspräsidenten gewählt wird. Auch er setzt deutliche Zeichen im Kampf um die Unabhängigkeit Kataloniens: Bei seiner Vereidigung entfernt er die spanische Flagge und verweigert die Loyalitätsbekundung gegenüber der spanischen Verfassung und dem König.

Auch unter dem folgenden spanischen Ministerpräsidenten Pedro Sánchez, der im Juni 2018 das Amt antritt, verändert sich die Lage nicht merklich. Im Juni 2019 werden Urteile über katalanische Politiker verhängt, die Geld- und Haftstrafen von bis zu 13 Jahren beinhalten. Puigdemont bleibt – selbst im Exil – entschlossen und spricht auf Kundgebungen. Im September 2021 wird er aufgrund des internationalen Haftbefehls auf Sardinien festgenommen, bleibt aber bis zum Beginn der Verhandlungen weiterhin auf freiem Fuß.

Woher kommt der feste Wille vieler Katalonier, von Spanien unabhängig zu werden? Um diese Frage zu beantworten, müssen wir verstehen, was Katalonien ausmacht und in der Vergangenheit ausgemacht hat. Vielen Spanienreisenden ist vielleicht nicht klar, dass Katalonien – wie auch weitere 16 Regionen – eine eigene Autonome Gemeinschaft bildet, die zwar der spanischen Verfassung unterliegt, dennoch aber eigene Gesetze und eine eigene Regierung, die sogenannte „Generalitat“, hat. Dieses System ähnelt in dieser Hinsicht dem der deutschen Bundesländer. Als institutionelle Zeichen einer gewissen Eigenständigkeit hat Katalonien eine eigene Flagge, den Nationalfeiertag Diada de l'Onze de Setembre und eine eigene Hymne, die „Els Segadors“.

Aus einem touristischen Blickwinkel hat die Autonome Gemeinschaft viel zu bieten. In 18 Naturparks liegt eine äußerst vielfältige

Landschaft, die von alpinen Gebirgslandschaften im spanischen Teil der Pyrenäen über vulkanische Mittelgebirge bis hin zu den mediterranen Küstenebenen der Costa Brava, Costa Maresme oder Costa Dorada reicht. Städte wie Barcelona, Girona und Tarragona sind einzigartig und – zu Recht – international bekannt.

Genauso vielfältig wie die Landschaften sind die kulturellen Traditionen, die es nur hier in Katalonien gibt. Allen voran, die Sardanas: Bei diesem typisch katalanischen Tanz wird ein Kreis gebildet, in dem sich die Teilnehmer an den Händen fassen. Auch die sogenannten Castells sind bekannt; es sind Pyramiden aus Menschen, die mehrere Etagen umfassen und damit spektakulär aussehen. Sie spielen zum Beispiel während der mehrtägigen Fiestas de la Mercè im September eine wichtige Rolle, neben anderen kulturellen Traditionen Kataloniens. Noch ein weiterer Feiertag ist in Katalonien wichtig: Am 23. April wird Sant Jordi, der Schutzpatron Kataloniens geehrt. Da dieses Datum seit 1931 mit dem Welttag des Buches zusammenfällt, ist es in Katalonien üblich, dass die Frauen den Männern ein Buch schenken, während sie selbst von den Männern eine Rose erhalten.

Historisch betrachtet ist Katalonien immer wieder eigenständig gewesen. Als sich der Graf von Barcelona im Jahre 1137 mit der aragonesischen Thronerbin vermählt, erhält Katalonien eigene Gesetze und Privilegien. Auch in der Geburtsstunde des heutigen Spaniens, als sich 1479 die beiden großen spanischen Reiche Aragón und Kastilien vereinen, behalten einige Gemeinschaften, unter anderem Katalonien, besondere Rechte. Erst während des Krieges der spanischen Krone gegen die Franzosen Mitte des 17. Jahrhunderts gibt es vermehrt Konflikte, in denen es darum geht, dass die Katalanen sich zunehmend ausgenutzt fühlen, während in Katalonien stationierte spanische Soldaten sich rücksichtslos verhalten. Die folgenden rebellischen Aufstände gegen die spanische Krone finden auch im Wunsch nach mehr Eigenständigkeit statt und werden in der bis heute genutzten Hymne Kataloniens erwähnt. In der Folge erhält die Region Unterstützung von Frankreich, bis der spanische König Felipe IV. sie 1652 zurückerobert; er möchte in allen zu Spanien gehörigen Regionen einheitliche Gesetze durchsetzen. Im sogenannten Erbfolgekrieg zwischen 1701 und 1714 ergreifen die Katalanen schließlich die Partei des zukünftigen Verlierers; das katalanische Territorium wird nach dem Ende des Krieges endgültig annektiert.

Deutlich erfolgreicher als beim Kampf um politische Eigenständigkeit verläuft es im Hinblick auf die Sprache der Autonomen Gemeinschaft: Heute ist das Katalanische dort neben dem Spanischen offizielle Amtssprache und wird im öffentlichen Leben und in der Verwaltung bevorzugt eingesetzt. Katalanisch ist allerdings keinesfalls nur ein Dialekt des Spanischen, sondern eine ganz eigenständige romanische Sprache, die – wie das Spanische – direkt aus dem Vulgärlatein hervorgegangen ist. Varianten des Katalanischen werden auch auf den Balearen und in Andorra gesprochen – und in Valencia, dessen *Valenciano* von einigen Sprachwissenschaftlern allerdings als eigene Sprache bezeichnet wird und damit gelegentlich als inoffizielle fünfte Amtssprache Spaniens betrachtet wird.

Der heutzutage gefestigte Status dieser Sprache war nicht immer selbstverständlich. Besonders das 20. Jahrhundert ist in dieser Hinsicht ein einziges Auf und Ab. Während der Militärdiktatur Primo de Riveras (1923-1930) ist der Gebrauch der Sprache verboten, allerdings nur bis zum Beginn der Zweiten Spanischen Republik 1931, während derer Kultur und Sprache Kataloniens wieder aufblühen. Zu Beginn der dann folgenden Diktatur unter General Francisco Franco ab dem Jahre 1939 werden wieder Verbote erlassen, die sich gegen die katalanische Sprache richten: Der Druck von Büchern, Tageszeitungen und Zeitschriften ist nicht mehr erlaubt, katalanische Radiosender werden geschlossen, Geschäfte und Unternehmen müssen ihre Namen hispanisieren. Während der Gebrauch des Katalanischen in der Verwaltung, in kulturellen Institutionen und auf der Straße unter Strafe steht, sprechen viele – zu Hause, heimlich – weiter Katalanisch.

Im Untergrund formiert sich Widerstand gegen die strengen Regeln der Diktatur. Ende der 50er Jahre versuchen katalanische Musiker Schallplatten zu veröffentlichen – mit spanischem Cover, um der Zensur zu entgehen. Es formiert sich eine Bewegung, die später den Namen Nova Cançó Catalana erhält und zum Sprachrohr der katalanischen Kultur wird. Der Austausch und die Konzerte finden zunächst in kleinem Rahmen statt, in Kneipen oder kleineren kulturellen Zentren. Anfangs sind die Texte nicht politisch, nur auf

Katalanisch. Irgendwann findet die Bewegung auch in den Medien immer mehr Resonanz. Ende der 1960er Jahre verbietet die Zensur zwar weitere Konzerte, aber es scheint, als erstarke die Solidarität der Bewegung, je härter die Verbote sind. Nach Francos Tod 1975 bewegt sich Spanien mit hoher Geschwindigkeit zurück in Richtung Demokratie, in der auch die Minderheitensprachen Spaniens wieder Platz finden.

Eine Aufnahme, die mich in diesem Zusammenhang beeindruckt, ist ein Ausschnitt aus Lluís Llachs Konzert, das er 1985 in Barcelona gibt, also etwa zehn Jahre nach dem Ende der Diktatur. Er singt das Lied „L'estaca", das er bereits 1968 schrieb und in dem es darum geht, dass die Menschen an einen Pfahl festgebunden sind, der nur gestürzt werden kann, wenn alle gemeinsam daran ziehen. Beim Refrain des Liedes singt der gesamte Konzertsaal – Tausende von Stimmen verschmelzen in einen einzigen Chor, zu einer einzigen Stimme, der man die Ergriffenheit und auch die in der Vergangenheit erlittene Not anmerkt. Sicherlich sind die Entbehrungen der Katalanen zu Zeiten des Franquismus ein wichtiger Grund für die heutige Entschlossenheit in Bezug auf die Frage nach der Selbstbestimmung.

Trotz seiner Geschichte und seiner sprachlichen und kulturellen Eigenständigkeit ist Katalonien heute ein Teil Spaniens. Die Diskussion um seine Abspaltung ist eine äußerst komplexe, die möglicherweise noch über viele weitere Jahre hinweg geführt werden wird. Darüber hinaus ist Katalonien nicht der einzige Ort, an dem sie stattfindet: Auch die Basken im Norden bemühten sich einst um die Unabhängigkeit von Spanien. Besonders die ETA, die ursprünglich aus dem Widerstand gegen die Franco-Diktatur entstanden war, machte aufgrund ihrer Gewaltbereitschaft und zahlreicher Anschläge in den 60er bis 90er Jahren Schlagzeilen. Nach einem mehrjährigen Friedensprozess gab die ETA 2018 ihre Selbstauflösung bekannt. Der Wunsch nach mehr Selbstbestimmung im Baskenland schwelt allerdings weiter: Die Verfechter der baskischen Autonomie sind nicht verschwunden, im Gegenteil, sie hängen Fahnen und Banner an ihre Balkone, rufen – auf Baskisch – zu friedlichen Demonstrationen auf. Wer durch Pamplonas Altstadt spaziert und sich in die Nähe der Kathedrale begibt, kann dies sehr gut beobachten.

Wie die Katalanen und die Basken hat auch die Autonome Gemeinschaft Galicien eine eigene Sprache, Kultur und Geschichte, jedoch sind dort – in der Vergangenheit wie heute – weniger Bemühungen erkennbar, sich von Spanien abzutrennen. Es bleibt spannend zu beobachten, ob Spanien die Idee des Zentralstaates, der eine Vielfalt von Sprachen und Kulturen in sich vereint und respektiert, in Zukunft verwirklichen kann.

Català for survival

Die wichtigsten Ausspracheregeln

Katalanische Wörter werden meistens so ausgesprochen, wie sie geschrieben werden. Ein paar wichtige Ausnahmen gibt es natürlich. Dies sind einige Beispiele:

puig = „putsch" (dt.: Hügel)
butxaka = „butschaka" (dt.: Tasche)
platja = „pladscha" (dt.: Strand)
dotze = „dodze" (dt.: zwölf), mit einem weichen s
setmana = „semmana" (dt.: Woche), t vor l, ll, m oder n verdoppelt diesen Konsonanten
Valencia = „balänsia"
ajuda = „aschuda" (dt.: Hilfe), wie das zweite g in Garage
gràcies = „grassies" (dt.: Danke)
anglès = „angläz" (dt.: Englisch), das s ist am Wortende stimmhaft (wie im dt. „sein")

Basiswortschatz im Alltag

Hallo!	**Hola!**
Guten Tag!	**Bon día!**
Tschüss!	**Adéu!**
ja	**sí**
nein	**no**
Wie geht's?	**Què tal?**
Gut, danke.	**Bé, gràcies.**
Ich heiße ...	**Em dic ...**
Wie heißt du?	**Com et dius?**
Prost!	**Salut!**
entschuldigung	**perdò**
Hilfe	**ajuda**
Toilette	**el lavabo**
Ich hätte gerne ...	**Voldria ...**
Was kostet?	**Quant val ...?**
Sprechen Sie Englisch?	**Que parles anglès?**
Wo ist ...?	**On es ...?**

Zahlen

eins	**un**
zwei	**dos**
drei	**tres**
vier	**quatre**
fünf	**cinc**
sechs	**sis**
sieben	**set**
acht	**vuit**
neun	**nou**
zehn	**deu**

Mit dem Taxi zu den Roma und ihrem Flamenco in Sevilla

Die Lichter des Stadtverkehrs rauschen an uns vorbei, während wir am Straßenrand stehen und nach einem Taxi Ausschau halten. Es ist bereits dunkel, aber es ist so viel Verkehr, als wäre noch immer Rush Hour. Wir sind auf dem Weg nach Triana, dem auf der anderen Flussseite gelegenen Viertel Sevillas, denn ich habe gehört, dass man von dort einen schönen Blick auf den Fluss und die Altstadt hat und möglicherweise auch die Aussicht auf Flamenco live in einer der vielen Bars an der Uferstraße. Wir winken den vorbeifahrenden Taxis zu, bis endlich eines vor uns zum Stehen kommt. Der Fahrer beugt sich vornüber und hält uns die Tür auf. „Einmal nach Triana, bitte", sage ich. Er lächelt und nickt, als sei das eine gute Wahl.

Ich lasse mich in die mit Leder gepolsterten Sitze des Taxis fallen und höre, dass der Fahrer Musik anmacht. Es klingt für mich nach Flamenco, aber irgendwie anders. „Was hören wir denn da?", frage ich ihn. Wieder nickt er, diesmal mit Stolz darüber, dass wir uns für seine Musik interessieren: „Das ist El Barrio." Er stellt die Musik lauter und öffnet eine Klappe in der Mittelkonsole seines Armaturenbretts. Hervor kommt ein Bildschirm, auf dem Mitschnitte eines Konzerts zu sehen sind. Der Musiker auf der Bühne trägt einen Anzug mit schwarzem Hut, er sitzt auf einem Barhocker und auf seinem Schoß hält er eine Gitarre. Sein Gesang ist mal leise, mal laut, bis er sich steigert und in einem fast wehmütigen Klagen endet. Die Menschenmassen vor der Bühne singen mit, ab und zu sind vereinzelte Rufe zu hören: „Olé!"

Wir fahren an den hell erleuchteten Außenmauern des uralten maurischen Alcázar-Palasts vorbei. Auch die Universität, eine ehemalige Tabakfabrik aus dem 18. Jahrhundert, strahlt prachtvoll im Licht von Scheinwerfern. Die mit einer besonderen Atmosphäre aufgeladene Musik passt in diesem Moment wirklich gut zu den geschichtsträchtigen Orten, an denen wir vorbeikommen. Kein Problem, wenn diese Taxifahrt wegen des Verkehrs ein wenig länger dauert als üblicherweise!

Das nächste Stück hört sich weniger nach Flamenco, eher nach Rock an. Jetzt interessiert es mich wirklich: „Ist das ein bekannter Musiker?“, frage ich den Taxifahrer. „Oh ja, El Barrio ist sehr erfolgreich!“, sagt er. „Er kommt aus Cádiz, das ist nicht so weit weg von hier, aber er gibt Konzerte in ganz Spanien. Meine Lieblingsplatte ist 'Playas de invierno'. Seit er Mitte der 90er mit der Musik anfing, hat er ungefähr 20 Alben herausgebracht.“

„Seine Musik ist sehr interessant“, sage ich und erkläre meinen Eindruck: „Es ist nicht wirklich Flamenco, aber auch kein Rock, eher eine Mischung“. „Ja, ganz genau“, bestätigt der Taxifahrer und erzählt, dass El Barrio bereits mit 9 Jahren begann, Gitarre zu spielen. Er ist einer der bekannteren Musiker Spaniens und füllt regelmäßig große Konzerthallen, Fußballstadien und Stierkampfarenen.

Wir überqueren die Puente de Isabel II, die auch Puente de Triana genannt wird. Sie wurde 1848 gebaut und ist Sevillas erste feste Brücke über den früher noch hier entlang fließenden Guadalquivir. Darüber hinaus ist sie Spaniens älteste erhaltene Brücke aus Eisen. Der Fahrer lässt uns in der Nähe der Uferstraße Calle Betis raus und zum Abschied bekräftige ich noch einmal: „Tolle Musik, vielen Dank!“.

Die Kneipe, die wir anpeilen, liegt hier ganz um die Ecke. Es ist bereits brechend voll dort, aber wir finden noch ein schmales Plätzchen ganz in der Nähe der Tür. Wir bestellen ein Glas Wein und ein paar Tapas und genießen die Atmosphäre. Es ist laut, die Menschen diskutieren und lachen miteinander. Und dann haben wir tatsächlich Glück, denn ein Mann nimmt eine Gitarre in die Hand und beginnt, darauf zu spielen. Er sitzt nicht auf einer Bühne, sondern mitten unter den Gästen, aber er ist so konzentriert auf sein Gitarrenspiel, als säße er vor einem Millionenpublikum. Plötzlich steht eine Frau von ihrem Platz auf und beginnt zu singen. Flamenco! Wahnsinn! Ihre Stimme ist rau, der Gesang ist klagend, wehleidig. Ihre Augenbrauen legen sich in Falten, wenn sie singt, die geöffneten Handflächen streckt sie weit von sich, manchmal reckt sie ihre Arme voller Leidenschaft in die Höhe. Die Besucher der Kneipe fiebern mit, feuern sie an und klatschen mit den Händen im Rhythmus der Musik.

Auch wenn ich aufgrund des besonderen Gesangs kaum etwas von den Texten verstehe, wird in Stimme, Gestik und Mimik der Musiker deutlich, worum es geht. Die Texte des sogenannten *cante jondo*, dem „tief empfundenen" Gesang, handeln häufig von Liebe, Leiden und Leidenschaft. Demgegenüber steht der *cante chico*, der unterhaltsam und lustig sein darf.

Wenn von Flamenco die Rede ist, ist allerdings nicht nur der Gesang mit seinen Texten gemeint, sondern auch Musik und Tanz. Die Gitarre ist dabei genauso wichtig wie der Rhythmus, der mit den Händen geklatscht oder mit Kastagnetten oder Cajón gespielt werden kann. Nicht immer wird getanzt, aber wenn, dann mit großer Ausdrucksstärke und Körperspannung. Sohlen und Absätze der Tänzer sind verstärkt, häufig auch mit Eisen beschlagen – das kräftige Stampfen auf den Boden gehört einfach dazu. Das typische Kleid einer Tänzerin ist oben eng geschnitten und unten weiter, so dass es gerafft werden kann und beim Tanzen um die Beine wirbelt.

Musiker wie Antonio Mairena, Enrique Morente, Fernanda de Utrera und Diego „El Cigala" sind in Andalusien bekannt wie Peter Maffay und Udo Lindenberg in Deutschland. Unter den bedeutenden Flamenco-Künstlern des 20. Jahrhunderts sticht einer allerdings besonders hervor: Camarón de la Isla. Er wurde 1950 in San Fernando, in der Nähe von Cádiz, geboren und hatte bereits im Alter von 8 Jahren seine ersten Auftritte als Sänger. Mit seiner Karriere ging es steil bergauf, bis er 1969 sogar mit Paco de Lucía, der selbst aus Andalusien stammt, eine gemeinsame Platte herausbrachte.

Bereits Camarón de la Isla öffnete 1979 mit seinem Album „La Leyenda del Tiempo" die Flamenco-Musik für neue Genres, indem er Elemente des Rock und Jazz mit dem Flamenco mischte. Er wurde damit zum Vorbild für viele weitere Künstler und hängt heute als Bild in fast jedem Flamenco-Club. Eine, die seinem Vorbild folgte, ist Niña Pastori, die ebenfalls aus San Fernando stammt und eine der bekanntesten Flamenco-Künstlerinnen Spaniens ist.

Aber woher kommt eigentlich der Flamenco – gab es ihn schon immer, hier in Spanien? Die Antwort lautet: Nicht immer, aber seine Ursprünge liegen wahrscheinlich in vorromanischer Musik und Volkstänzen Andalusiens, die dann von den Sinti und Roma, die im

15. Jahrhundert nach Spanien einwanderten, adaptiert und weiterentwickelt wurden. Auch heute noch ist er wichtiger Bestandteil ihrer Kultur. Weil die Flamenco-Kultur mündlich tradiert wurde, gibt es allerdings wenig Belege für ihre Existenz vor dem 19. Jahrhundert und entsprechend viele Theorien zu ihrer Entstehung.

Der Begriff Sinti und Roma ist übrigens einer, der vor allem in Deutschland verwendet wird, international ist von den Roma die Rede. Die Bezeichnung „Zigeuner" wird vom Zentralrat Deutscher Sinti & Roma als diskriminierend abgelehnt. Ihre Entsprechung im Spanischen lautet Gitanos und ist die dort vorherrschende und weitläufig akzeptierte Bezeichnung für Angehörige dieser Ethnie. Dass allerdings auch dieser Begriff nicht unproblematisch ist, zeigt ein Blick in das Wörterbuch der Real Academia Española, in dem eine der acht Bedeutungen des Wortes *gitano als trapacero* – auf Deutsch: „Gauner" – beschrieben wird. Die von der spanischen Regierung geförderte Videokampagne „Yo no soy trapacero", was übersetzt „Ich bin kein Gauner" heißt, hat bereits auf dieses Problem aufmerksam gemacht – denn, so heißt es im Video: „Eine diskriminierende Definition erzeugt Diskriminierung".

Die Roma bilden zwar in ganz Europa die größte ethnische Minderheit, sind aber in Spanien mit etwa 750.000 Personen besonders stark vertreten. Zum Vergleich: In Deutschland sind es nur etwa 70.000. Die genaue Anzahl der in Spanien lebenden Roma ist allerdings schwer zu schätzen, da sie in der Verwaltung nicht offiziell als Roma registriert werden und viele von ihnen voll integriert in der spanischen Gesellschaft leben, ohne ihre ethnische Zugehörigkeit nach außen hin zu zeigen. Fest steht aber, dass ihre Geschichte in Spanien bereits eine sehr lange ist: Aufgrund sprachlicher Ähnlichkeiten zwischen dem Sanskrit und dem Romanes weiß man, dass die Roma bereits im 11. Jahrhundert aus dem Nordosten Indiens kamen. Im Zuge weiterer Migrationsströme gelangten erste Roma ab 1425 nach Zaragoza, Santiago de Compostela, Jaén und Madrid und von dort aus auch nach Andalusien.

In dieser Autonomen Region leben heute etwa 40 Prozent der 750.000 Gitanos in ganz Spanien. Die meisten von ihnen werden von der Regionalregierung Andalusiens als „unsichtbar" bezeichnet, da sie vollständig in der spanischen Gesellschaft integriert sind. Demgegenüber leben jedoch etwa 90-100.000 von ihnen in sozialer Ausgrenzung. Vorurteile der restlichen Bevölkerung und Diskriminierung haben vielerorts zu einer Marginalisierung und sozialräumlichen Trennung von der restlichen Bevölkerung geführt. Die andalusische Regionalregierung hat in diesem Zusammenhang in einem Bericht zur Situation der Roma Probleme in den verschiedensten Lebensbereichen festgestellt, darunter Gesundheitsversorgung, Wohnraum, Bildung und Arbeit. Ein mutmaßlich selbst gewählter Rückzug aus der Mehrheitsgesellschaft wird in diesem Bericht als Reaktion auf eine historische, bereits seit langem erlittene Diskriminierung interpretiert, die bis heute andauert.

Auch Sevilla hat in diesem Kontext des Öfteren von sich Reden gemacht, denn hier lebt der höchste Anteil der Roma in Andalusien, etwa 24 Prozent. Die Marginalisierung der dort lebenden Roma hat die Regisseurin Dominique Abel 2003 im Film Polígono Sur: El arte de las 3.000 viviendas in den Blick genommen. Der Film thematisiert das Leben von Roma in 3.000 Viviendas, einem Vorort Sevillas, in dem ihr Anteil an der Bevölkerung besonders hoch ist und der genau jene bereits erwähnten Probleme aufweist. Der Fokus des Films liegt allerdings auf der großen Leidenschaft der Roma für den Flamenco, der sich hier nicht in publikumswirksamen Showdarbietungen für Touristen zeigt, sondern vielmehr Teil des alltäglichen Lebens ist. Der Film zeigt die Beziehung eines jeden Gemeindemitglieds, jedes Sängers und Musikers zu Melodien, Texten und gemeinschaftlichen musikalischen Treffen.

Der Film trägt sicherlich dazu bei, die Kultur der Roma zu verstehen und ihre Situation überhaupt erst wahrzunehmen. Er gehört damit zu einer Reihe von Versuchen, gegen die Diskriminierung dieser ethnischen Minderheit zu kämpfen. Auch von Seiten der Regierung gibt es auf internationaler und nationaler Ebene angestoßene Programme, die sich der Probleme annehmen. Die andalusische Regionalregierung nimmt dabei eine Vorreiterposition ein, denn sie arbeitete einen umfassenden Maßnahmenkatalog aus, der sich unter anderem zum Ziel setzt, die Herausbildung von Slums zu verhindern und der Kultur der Roma eine stärkere institutionelle Anerkennung zukommen zu lassen.

Wer über die Kultur der Roma spricht, sollte auch ihre Sprache erwähnen. Die in Südspanien ansässigen Roma nutzen das Caló, das eine eigene Sprache ist und sich erheblich vom sonst üblichen Romanes unterscheidet. Sie vereint Einflüsse verschiedener anderer Sprachen, vor allem des Spanischen und Arabischen. Es ist eine vom Aussterben bedrohte Sprache mit sinkenden Sprecherzahlen, bis heute gibt es kein Wörterbuch und keine Grammatik.

Die Tradition des Flamencos birgt vielleicht das Potential für eine stärkere Integration und Akzeptanz der Kultur der Roma. Seit 2014 ist der Flamenco sogar offiziell Teil des Lehrplans in Andalusien. Doch Achtung: Nicht alle Flamenco-Künstler haben Roma-Wurzeln, sondern der Flamenco war immer ein wichtiger Teil der andalusischen Kultur überhaupt. Besonders deutlich wird dies, wenn einmal im Jahr die Stadt Sevilla während ihrer weltberühmten Feria Kopf steht: Zwei Wochen nach Ostern wird eine Woche lang gefeiert, was das Zeug hält. Wer keine Einladung in eines der über Tausend kleinen Casetas, den privaten Festzelten, hat, kann über das Gelände spazieren und die bunten, meist gepunkteten Kleider der Frauen, die traditionellen Anzüge der Männer und die fein gestriegelten und geschmückten Pferde bewundern. Es wird getrunken und es werden Tapas gegessen – und getanzt, denn die Stadt besitzt eine eigene Variante des Flamenco, die *Sevillanas*, bei der zwei Tänzer – ein Mann und eine Frau oder zwei Frauen – über 4 Strophen hinweg einer einstudierten Choreographie folgen.

Es dürfte also deutlich geworden sein, dass der Titel dieses Kapitels nicht ganz korrekt ist: Der Flamenco ist nicht nur *ihr* Flamenco – der Musik, Tanz und Gesang der Roma – sondern ein Kulturgut, das tief in der andalusischen Geschichte und Identität im Allgemeinen verwurzelt ist. Doch trotz ihrer tiefen Verwurzelung und langen Geschichte unterliegen auch solche identitätsstiftenden kulturellen Eigenheiten Veränderungen. Es sind Veränderungen, die – wie im Falle der Integration der Roma in die spanische Gesellschaft – nötig und sinnvoll sein können.

Die Roma in Spanien

Filmtipps

- *Polígono Sur.* Regie: Dominique Abel. 2003 (Dokumentation, Spanisch)
- Das Kampagnenvideo *Yo no soy trapacero* findet sich unter diesem Titel bei YouTube. (Sprache: Spanisch)
- Kurze Dokumentation *Flamenco divers - der Bruch mit Geschlechterrollen*: https://www.dw.com/de/flamenco-divers-der-bruch-mit-geschlechterrollen/av-59867062

www

- Informationen zur Situation der Roma in Spanien: https://heimatkunde.boell.de/de/2007/11/18/zur-situation-der-roma-spanien
- Die Fundación Secretariado Gitano - eine gemeinnützige Organisation, die sich für die Rechte der Roma in Spanien einsetzt - sammelt auf der Seite https://www.sensibilizaciongitanos.org die in den letzten Jahren entstandenen Kampagnen und gibt interessante Hintergrundinformationen und Materialien dazu. Leider sind die Informationen nur auf Spanisch verfügbar.
- Sehenswertes digitales Archiv der Sinti und Roma: https://www.romarchive.eu/de
- Zum Calé, der Sprache der Roma: https://spanienfuerdeutsche.wordpress.com/2017/08/29/calo-die-sprache-der-gitanos/

Alle Wege führen nach ... Madrid!

Madrid ist zwar nicht Rom, aber wer will schon nach Rom, wenn sowieso (fast) alle Wege dorthin führen? Madrid ist voller Geschichte, Kunst und Kultur, eine pulsierende, moderne Metropole, die nicht nur kulturelles und politisches, sondern auch geographisches Zentrum Spaniens ist. Es ist zufällig auch die Stadt, in der seit einigen Jahren meine Schulfreundin Steffi lebt, doch dazu später mehr.

Wir beginnen unseren Rundgang durch Madrid genau dort, wo auch die wichtigsten Verkehrsadern Spaniens ihren Ursprung haben: an der Puerta del Sol. Das älteste Gebäude hier, die Casa de Correos, stammt aus dem 18. Jahrhundert und beherbergt das Regionalparlament der Autonomen Gemeinschaft Madrid. Diese Gemeinschaft gehört zwar zu den kleinsten Spaniens, ist gemessen an der Anzahl der hier lebenden Staatsbürger aber nicht weniger wichtig: Mit etwa 6 Millionen Einwohnern entfällt etwa 16 Prozent der Bevölkerung auf diese Region – sie liegt damit hinter Andalusien und Katalonien auf dem dritten Platz.

Nicht aus diesem Grund jedoch ist der Sitz des Parlaments das berühmteste Gebäude hier an der Puerta del Sol: Jedes Jahr aufs Neue heften sich am 31. Dezember Millionen spanischer Augenpaare auf die Uhr des Glockenturms – live oder per Fernsehübertragung –, um den zwölf Schlägen zu folgen, die um Punkt 0:00 Uhr das neue Jahr einläuten. Bei jedem der Schläge wandert eine Weintraube in den Mund, denn so will es die Tradition und außerdem bringt es Glück. In Sichtweite steht das Symbol Madrids in Form einer bronzenen Statue: der berühmte Bär, der an einem Erdbeerbaum nascht. Der Bär steht für den Adel, der Erdbeerbaum für den Klerus – das Symbol verdeutlicht somit die Einigkeit beider Gruppen im Mittelalter.

Ein anderer, nur wenige Hundert Meter entfernt liegender Platz, kann der Puerta del Sol durchaus das Wasser reichen – zumindest, was die Optik angeht: die Plaza Mayor. Der große Platz im Zentrum Madrids ist 129 Meter lang und 94 Meter breit und ist von allen vier Seiten von dreistöckigen Häusern umgeben. Im Erdgeschoss liegen schattige Säulengänge, wo, im Freien und doch geschützt, Tische und Stühle der Cafés und Restaurants stehen.

Trotz der schönen, schattigen Plätzchen auf der Plaza Mayor und der räumlichen Nähe zum Königspalast wird man hier jedoch die königliche Familie selbst mit großer Wahrscheinlichkeit niemals antreffen. Sie hält sich höchstens im Palacio Real auf, der zwar nicht mehr als Residenz, aber für offizielle Empfänge und Zeremonien genutzt wird. Wer solch „königliches Brimborium" mag, so drückt es Steffi scherzhaft aus, der sollte unbedingt den Palast besuchen. Neben den offiziellen Sälen und eindrucksvollen Gemälden kann die Waffenkammer und die ehemalige königliche Apotheke besichtigt werden. Die königliche Familie residiert heute im Palacio de la Zarzuela, der etwas weiter entfernt am Stadtrand liegt und kleiner ist.

Wer von den Gemälden, den königlichen Sälen, prachtvollen Häusern und anderen geschichtsträchtigen Orten müde geworden ist, sollte vor der nächsten Besichtigung eine Ruhepause im Park El Retiro einlegen. Seit 1868 existiert das 118 Hektar große grüne Paradies, in dem sogar ein See zum Bootsfahren einlädt. An Sonntagen sammeln sich vor der Statue König Alfonsos XII Musiker, denen man stundenlang einfach nur zuhören kann. Der mitten im Park gelegene Palacio de Cristal von 1887 diente ehemals als Gewächshaus, heute finden hier wechselnde Ausstellungen statt. Lohnenswert ist schon der Blick von außen auf den wunderschönen, kristallenen Palast, dessen feine gläserne Fassaden inmitten all des Grüns ziemlich zerbrechlich wirken.

Mit neuer Energie geht es weiter, hinaus aus dem Park an der nordwestlichen Ecke des Retiro, wo man auf die berühmte Puerta de Alcalá trifft, ebenfalls eine der Hauptsehenswürdigkeiten Madrids. Zum Zeitpunkt seiner Erbauung 1778 war es eines von fünf Eingangstoren in die Stadt und erhielt seinen Namen, weil es auf dem Weg nach Alcalá de Henares lag – einer Kleinstadt vor den Toren Madrids. Für uns geht es weiter in Richtung Prado, dem wichtigsten Museum der Stadt, das nur einen kurzen Fußmarsch entfernt ganz in der Nähe des Parks liegt. Seit 1819 werden dort Werke aus dem 16. bis 19. Jahrhundert gezeigt, darunter auch von Künstlern wie Goya, El Greco, Velázquez, Rubens und El Bosco.

So viel also zu den bekanntesten Sehenswürdigkeiten Madrids. Ich frage mich, wie es ist, in dieser Stadt zu leben und frage meine Freundin Steffi, die vor einigen Jahren ihren Wohnsitz hierher verlegt hat – wegen der Liebe. Auch bevor sie ihren Freund kennenlernte, lebte sie schon in Spanien, allerdings in einer Kleinstadt auf Teneriffa. „Verglichen mit Teneriffa fühlt sich Madrid stressig für mich an", erzählt sie. „Ich habe lange Arbeitswege und stehe ständig im Stau. Die Staus sind hier kilometerlang, weshalb man sich im Zentrum lieber per Metro fortbewegt."

Sie wohnt etwas außerhalb des Zentrums, wo es ruhiger ist und die Mieten niedriger sind. „Madrid wird leider immer teurer und für manche auch unbezahlbar", sagt sie. „Wer im Zentrum leben möchte, muss mit 500 bis 600 Euro Miete für ein kleines Zimmer rechnen. Und das bei den niedrigen Gehältern hier." Ich muss daran denken, dass Spanien seit vielen Jahren schon in einer Wirtschaftskrise steckt, die hohe Arbeitslosenzahlen mit sich bringt und die sich durch die Corona-Krise seit 2020 sicherlich nicht unbedingt verbessert haben dürfte.

Wir sprechen über die unterschiedlichen Mentalitäten der Menschen im Norden, Süden und der Mitte Spaniens, sofern man diese denn wirklich unterscheiden kann. „Die Madrileños gelten als ziemlich 'toscos', das bedeutet auf Deutsch 'grob'", sagt sie. „Natürlich sollte man das nicht verallgemeinern, aber mir kommen sie schon gestresster vor als die Spanier in anderen Teilen des Landes – vielleicht wegen dem vielen Verkehr und den relativ teuren Preisen. Ich höre allerdings immer wieder von Besuchern aus Deutschland, dass sie auch die Madrileños als nett und offen erleben. Vielleicht verändert sich diese Wahrnehmung, wenn man länger hier lebt. Total schön finde ich, dass auch die Madrileños gerne raus gehen, abends mal ein Bier trinken und Tapas essen gehen." Diese Leidenschaft, denke ich, vereint wohl Spanier in allen Teilen des Landes.

Was mich besonders interessiert, ist, welche Tipps Steffi für einen Besuch in Madrid hat. Sie empfiehlt, im Zentrum zum Plaza Callao zu gehen. Dort gibt es einen Corte Inglés – den spanischen Kaufhof – dessen oberstes Stockwerk komplett verglast ist: „Man hat von dort einen tollen Blick über die Stadt. Im Kaufhaus gibt es viele kleine Tapasläden, wo du den typisch spanischen Jamón und eine Tortilla de patatas essen und dazu eine Caña trinken kannst." Eine Caña bezeichnet in Spanien ein kleines Glas Bier, und die Tortilla, das berühmte Kartoffelomelette, dürfte wohl jeder kennen.

Zwei weitere Orte werden selten in einem Atemzug mit den Hauptattraktionen Madrids genannt, obwohl sie genauso spannend und recht zentral gelegen sind. Steffi erzählt, dass die Stadtviertel Malasaña und Lavapiés längst nicht nur als studentische Ausgehviertel beliebt sind: „Man kann dort gut den ganzen Tag verbringen und durch die hippen Retro-Läden und kleinen Gässchen schlendern oder sich in den coolen Imbissbuden und individuell eingerichteten Bars stärken."

Viele Madrileños bewegen sich auch gerne außerhalb von Madrid. „Die Berge der Sierra de Madrid", schwärmt Steffi, „sind superschöne, ursprüngliche Berge und perfekt für Wanderungen. Pedraza ist ein sehenswertes mittelalterliches Dorf, in dem man die alte Festung besichtigen oder ganz einfach durch die schönen, kleinen Gässchen spazieren kann. Das Ganze liegt nur etwa anderthalb Stunden von Madrid entfernt."

Mit Sierra de Madrid ist eigentlich die Sierra de Guadarrama gemeint, wo zahlreiche Wanderwege über bis zu 2430 Meter hohe Gipfel, durch steinige Hochebenen, vorbei an plätschernden Gebirgsbächen und grünen Weiden führen. Im Winter öffnen Skigebiete ihre Pisten. Als wichtiges Naherholungsgebiet der Hauptstadt ist diese Gegend aber auch im Sommer ein gern besuchtes Ziel derjenigen Madrileños, die den Anstrengungen des Stadtlebens für einen Moment entfliehen möchten.

Das Bergdorf Pedraza liegt etwas nördlich dieses Naturparks. Bereits im Jahre 1951 wurde es zum Nationalen Kulturgut erklärt – zu Recht, denn das Ortsbild mit seinen Arkadenbauten, Steinhäusern und Gässchen ist wunderschön. Einmal im Jahr, Anfang Juli erleuchten unzählige Kerzen die Fenster, Balkone und Gassen des Dorfes, wenn es abends dunkel wird. Die Besucher, die an diesen Abenden durch die Gassen schlendern, genießen die Lichter für gewöhnlich in

Stille und setzen damit einen bewussten Kontrast zum riesigen, mit Menschen und Geräuschen gefüllten Madrid, das in nicht allzu großer Ferne auf ihre Rückkehr wartet.

Aber werfen wir noch einmal einen Blick zurück auf Madrid. Die Kulturhauptstadt Spaniens hat nämlich noch einiges zu bieten, das bisher noch keine Erwähnung gefunden hat. Zur Freude von Architekturfans haben einige bekannte Architekten dort ihre Spuren hinterlassen: Rafael Moneo (Bahnhof Atocha), Jean Nouvel (Hotel Puerta América), Herzog & de Meuron (Caixa Forum) – unter anderen. Auf die Liebhaber des Sommers und eines kühlen Biers in einem schattigen Biergarten hingegen warten die vielen *Terrazas* Madrids. Dort darf dann auch die bekannteste kulinarische Spezialität Madrids, ein Kichererbseneintopf namens Cocido Madrileño, nicht fehlen.

10 Lieblingsorte, die Sie nicht verpassen dürfen

1. **Die weißen Dörfer Andalusiens:** Enge, mit Kopfstein gepflasterte Gassen, weiß getünchte Fassaden, die mit Blumentöpfen behangen sind, im Hintergrund die wunderschönen andalusischen Berge. Auf der Ruta de los Pueblos Blancos liegen die berühmtesten dieser Dörfer.

2. **Cádiz:** Die weiß-goldenen Kuppeln seiner Kirchen thronen über den weißen Häusern, die in der Sonne glänzen - eine Stadt wie aus einem orientalischen Märchen. Ihre Altstadt liegt auf einer Landzunge und ist damit rundum vom dunkelblauen Wasser des Atlantiks umgeben.

3. **Pamplona:** Diese Stadt ist nicht nur für ihre Stierkampfarena bekannt, sondern auch für ihr alljährlich im Juli stattfindendes Volksfest, die Sanfermines. In der hübschen Altstadt begegnet man nicht selten Pilgern, die auf dem Jakobsweg unterwegs sind. Außerdem gibt es hier unzählige hervorragende Tapasbars.

4. **Park Güell, Barcelona:** Nicht nur lassen sich hier die Kunstwerke des berühmten Architekten Antoni Gaudí bestaunen, der Park bietet auch noch einen beeindruckenden Blick über die Stadt.

5. **Playa de Muro, Mallorca:** Kristallklares, flaches Wasser und hellweißer Sand wie in der Karibik. Am vorderen Abschnitt gibt es keine Strandbars oder Hotels, nur ein paar Dünen, dessen Durchqueren bereits Spaß macht.

6. **Mirador del Río, Lanzarote:** Dieser Aussichtspunkt ist ein Meisterstück des von der Insel stammenden Künstlers Cesar Manrique. Der Blick aufs Meer und die drei kleinen Inseln La Graciosa, Alegranza und Montaña Clara ist spektakulär.

7. **La Concha, San Sebastián:** Der lange, muschelförmige Sandstrand macht seinem Namen ("Die Muschel") alle Ehre. Auf die hungrigen Schwimmer warten zahlreiche Tapasbars in San Sebastiáns Altstadt, die direkt an den Strand grenzt.

8. **Museum Guggenheim in Bilbao:** Von außen wie von innen beeindruckt das Gebäude durch seine eindrucksvoll geschwungenen Formen. Dauernde und wechselnde Ausstellungen zeigen Künstler mit prominenten Namen.

9. **Altstadt von Sevilla:** Alte Gärten und Paläste, eine wunderschöne alte Universität, traditionsreiche Tapasbars und enge Gassen, in denen es jede Menge zu entdecken gibt. Was will man mehr?

10. **Altstadt von Valencia:** Sich einfach durch die Altstadt der drittgrößten Stadt Spaniens treiben lassen, reicht völlig aus, um einen Eindruck zu bekommen. Wer gerne ein Ziel im Blick hat, kann die Catedral de Santa María oder die Markthalle des Mercat Central ansteuern.

Das kommt mir mehr als Spanisch vor – Mehrsprachigkeit in Spanien

Jedem Reisenden, der an den Flughäfen von Barcelona, Bilbao oder Santiago de Compostela ankommt, wird es schon einmal aufgefallen sein: Hinweisschilder, Anzeigetafeln und Straßenschilder sind nicht nur auf Spanisch und Englisch, sondern auch in einer weiteren, weniger bekannten Sprache gedruckt. Auch die Schüler, mit denen wir jedes Jahr zum Schüleraustausch nach Pamplona reisen, wundern sich, wenn sie diese mehrsprachigen Schilder am Flughafen von Bilbao sehen. Wir lassen sie raten, um welche Sprache es sich handelt, aber dass *komunak* (Toiletten) und *etorrera* (Ankunft) Baskisch ist, erraten nur die, die sich vorab mit dieser Region beschäftigt haben. Galicisch, Baskisch und Katalanisch sind offizielle Amtssprachen in den jeweiligen Regionen – und das nicht nur auf dem Papier. Große Teile des öffentlichen Lebens finden – mit unterschiedlicher Gewichtung – in diesen Sprachen statt.

Jede dieser Sprachen hat einen ganz besonderen, ganz eigenen Charakter. Man beachte zum Beispiel das deutsche Wort Flugzeug, das in die verschiedenen Sprachen übersetzt *avión* (Spanisch), *avió* (Katalanisch), *aeronave* (Galicisch) und *hegazkin* (Baskisch) heißt. Auch das deutsche Wort *Ausgang* unterscheidet sich: *salida* (Spanisch), *sortida* (Katalanisch), *saída* (Galicisch) und *irteera* (Baskisch). Es wird deutlich, dass es sowohl Gemeinsamkeiten als auch erhebliche Unterschiede zwischen den vier miteinander koexistierenden Sprachen gibt. Für jede von ihnen gilt aber, dass sie weder Dialekte noch Varietäten der anderen sind, sondern ganz einfach eigene Sprachen, mit einer eigenen Geschichte.

Um diese besondere Situation in Spanien verstehen zu können, müssen wir einen Blick in die Geschichte des Landes werfen, ganz genau in die Zeit, als die iberische Halbinsel von den Römern dominiert wurde. Denn Katalanisch, Galicisch und Kastilisch sind romanische Sprachen, das heißt, sie stammen von einer mündlich gesprochenen Alltagsvariante des Lateinischen ab. Kastilisch bedeutet übrigens Spanisch und wird als Begriff immer dann verwendet, wenn es um die Abgrenzung zu anderen in Spanien gesprochenen Sprachen geht. Dieser Name entstand daher, dass Spanien im Mittelalter aus dem Königreich Kastilien entstand und trug damit einen Namen, den auch die heutigen Bundesländer Castilla y León und Castilla-La Mancha noch besitzen. Im Jahre 1492 veröffentlichte Antonio Nebrija die erste Grammatik des Kastilischen, ein wichtiger Meilenstein für die Normierung der Sprache. Im Jahre 1714 wurde sie dann von König Felipe V. zur offiziellen Amtssprache erklärt.

Die Real Academia Española, die königliche spanische Akademie, kümmert sich seitdem um die Normierung und Pflege der kastilischen Sprache. Dies tut sie recht erfolgreich, denn es gibt heute etwa 477 Millionen Muttersprachler, für 95 Millionen ist Spanisch Zweitsprache. Es ist damit hinter Englisch, Mandarin und Hindi die am vierthäufigsten gesprochene Sprache weltweit! Natürlich ist dies auch dem Entdeckergeist von Christopher Kolumbus und anderen Seefahrern zuzuschreiben, die für die spanische Krone neue Kolonien eroberten und damit auch ihre Sprache in diese Länder exportierten. So ist Spanisch heute in den meisten Ländern Mittel- und Südamerikas Amtssprache – Ausnahmen bilden Guyana (Englisch), Suriname (Niederländisch) und Französisch-Guyana, dessen Amtssprache, wie der Name schon verrät, Französisch ist.

Natürlich wird auch in Brasilien kein Spanisch, sondern Portugiesisch gesprochen, und falls diese Geschichte noch unbekannt ist, ist sie einer Erwähnung wert: Brasilien wurde zur portugiesischen Kolonie, nachdem man die Herrschaftsbereiche Portugals und Kastiliens im Vertrag von Tordesillas im Jahre 1494 neu geregelt hatte. Die kastilischen Könige Isabella und Fernando dachten damals, sie machten einen guten Deal, als sie einwilligten, das Territorium westlich des 46. Längengrades in Besitz zu nehmen, während die Portugiesen den Rest erhielten; sie ahnten jedoch nicht, dass Teile des noch unbekannten Brasiliens östlich des besagten Meridians lagen und fortan also zu Portugal gehören würden!

So viel also zur Verbreitung der kastilischen Sprache, aber woher kommen die drei anderen Minderheitensprachen Spaniens? Katalanisch und Galicisch stammen beide ebenfalls vom Lateinischen ab und sind somit – wie das Kastilische – romanische Sprachen. Der älteste katalanische Text stammt zwar schon von Mitte des 12. Jahrhunderts, allerdings fand erst ab 1907 mit der Geburt des Institut d'Estudis Catalans eine sprachliche Normalisierung statt. Dieses Institut untersuchte die Sprache erstmals wissenschaftlich und kümmerte sich um ihren Fortbestand. Heute gibt es etwa 10 Millionen Muttersprachler. Das Katalanische wird nicht nur in der autonomen Gemeinschaft Katalonien, sondern in verschiedenen Varianten auch auf den Balearen (*Mallorquín*, *Menorquín*, *Ibicenco*), in Valencia (*Valenciano*) und in Andorra gesprochen.

Galicisch hat sich bereits ein wenig früher, im 8. Jahrhundert, aus dem Lateinischen entwickelt und wird auch in einigen Gegenden der Autonomen Gemeinschaften Asturias und Castilla y León gesprochen. Insgesamt gibt es etwa 3,5 Millionen Sprecher. Wem schon aufgefallen ist, dass diese Sprache dem Portugiesischen ähnelt, kann sich auf die Schulter klopfen und sich durchaus als Sprachentalent bezeichnen! Die Ähnlichkeit ist aber kein Zufall, denn im Mittelalter bildeten die beiden Sprachen eine Einheit. Ab Mitte des 12. Jahrhunderts wurde Portugal dann politisch eigenständig und das Portugiesische entwickelte sich nach und nach zu einer Sprache mit eigenen Merkmalen.

Daher also die lexikalischen Ähnlichkeiten zwischen dem Spanischen, Galizischen und Katalanischen. Kehren wir nun noch einmal zurück zu unseren anfänglichen Beispielen: Das Baskische fällt mit seinen Übersetzungen für Flugzeug (*hegazkin*) und Ausgang (*irteera*) eindeutig aus der Reihe. In der Tat ist Baskisch weder eine romanische noch eine indoeuropäische Sprache und unterscheidet sich damit von allen anderen westeuropäischen Sprachen. Seine Herkunft stellt die Forscher vor Rätsel, denn die Tatsache, dass erste schriftliche Texte erst aus dem 15. und 16. Jahrhundert stammen, macht es schwer, ihre Herkunft herzuleiten. Eine Theorie zu ihrem Ursprung besagt trotz allem, dass sie circa 2000 vor Christus von asiatischen Migranten eingeführt wurde.

Heute gibt es etwa 1,5 Millionen Sprecher im Norden von Spanien, vor allem in der Autonomen Gemeinschaft País Vasco und in Teilen von Navarra und des Westens der französischen Pyrenäen. Vor Ort wird diese Sprache übrigens *Euskara* genannt, in bewusster Abgrenzung zum spanischen *Vasco*. Diejenigen, die sich als Basken oder auf Baskisch als Euskaldunak bezeichnen, stammen nicht zwangsläufig aus der offiziell mit „Baskenland" (*País Vasco*) betitelten Autonomen Gemeinschaft, sondern aus derjenigen Region im Norden Spaniens, die eine gemeinsame Sprache und Kultur teilt und dabei auch politische Grenzen überschreitet, zum Beispiel jene zu Frankreich.

Als meine Kollegin und ich mit unserer Schülergruppe im Reisebus vom Flughafen in Bilbao in Richtung Pamplona fahren, durchqueren wir große Teile des Baskenlandes und Navarras, also genau die Regionen, in denen die meisten Sprecher des Baskischen leben. Auf den Schildern der Autobahn sehen wir, dass viele Städte zwei Namen haben: Bilbao heißt Bilbo, San Sebastián ist Donostia, Pamplona ist Iruña. Die kleineren, hier ausgeschilderten Orte haben Namen, die sehr fremd klingen: Langarika, Agurain, Bakaiku, Lakuntza, Uharte-Arakil, Irurtzun, Zuasti, Etxabarri-Ibiña. Unser Busfahrer erklärt uns, dass *tx* wie *tsch* ausgesprochen wird und dass die Buchstaben k, x und z typisch baskisch sind. Sichtlich stolz spricht er uns die Namen der Orte mehrmals vor und guckt dabei immer wieder zu uns, als erwarte er, dass wir sie nachsprechen. Dann lacht er und sagt: „Es ist eine schwierige Sprache, aber sie ist sehr wichtig hier!"

Dass Besuchern dieser Region die baskische Sprache an jeder Straßenecke begegnet, unterstreicht ihren offiziellen Status, der nicht immer selbstverständlich war. Während der Diktatur Francisco Francos (1939-1975) war die Sprache zeitweise verboten. Erst nach seinem Tod 1975 erfand sich Spanien ganz neu und verabschiedete im Jahre 1978 eine Verfassung, die noch heute rechtliche Grundlage des spanischen Staates ist. Sie legt das Kastilische als Amtssprache in ganz Spanien fest, gesteht den weiteren Sprachen Spaniens in den jeweiligen autonomen Gemeinschaften aber einen ebenfalls offiziellen Status zu. Wie der Gebrauch der Sprachen dort genau geregelt ist, legen die einzelnen Gemeinschaften wiederum in einer Art regionaler Verfassung, den Autonomiestatuten, fest. Im Statut des Baskenlandes beispielsweise wird allen Einwohnern das Recht zugesprochen, Baskisch zu sprechen und zu benutzen. Niemand darf aufgrund seiner Sprache diskriminiert werden. Ein eigenes Institut regelt hier den Gebrauch der Sprache.

Während im baskischen Statut die Rede von „Rechten" ist, ist man in Katalonien schon ein wenig verbindlicher, denn dort ist festgelegt, dass jeder Bürger Kataloniens die Pflicht hat, beide Amtssprachen zu beherrschen. Das Katalanische ist bevorzugte Sprache der Verwaltung und begleitet einen großen Teil des öffentlichen Lebens. Auch an der Universität nutzen viele Dozenten ausschließlich das Katalanische.

Eine kritische Perspektive dazu nimmt der sehenswerte Film „L'auberge espagnole" ein: Der Protagonist Javier ist Erasmusstudent in Barcelona und voller Motivation, sich auf das fremde Land Spanien einzulassen. Natürlich gehört auch das Erlernen der spanischen Sprache für ihn dazu, aber als er an der Uni Kurse belegt, stellt er fest, dass sie teilweise auf Katalanisch gehalten werden. Glücklicherweise ist er nicht der einzige Ausländer im Kurs. Als seine ausländischen Kommilitonen sich beim Professor beschweren und ihn bitten, Spanisch zu sprechen, weigert sich dieser aber vehement, mit der Begründung, man befinde sich eben in Katalonien.

Auch in den öffentlichen Medien und sozialen Netzwerken werden häufiger kritische Stimmen laut, vor allem von spanischsprachigen Spaniern, die sich zum Beispiel aus beruflichen Gründen in Katalonien niedergelassen haben. Sie kritisieren, dass das Spanische in offiziellen und alltäglichen Kontexten zu selten Berücksichtigung findet. Die Debatte darum ist komplex und hochpolitisch und muss auch mit der aktuell dort stattfindenden Unabhängigkeitsbewegung in Verbindung gebracht werden.

Die Bedeutung der Sprache für die Menschen vor Ort ist enorm. Besonders deutlich wird mir das, als ich vor kurzem im Urlaub auf Mallorca mit dem Katalanischen in Berührung komme. Während ich im Café auf einem kleinen Marktplatz in Santa Margalida, einer Stadt im Zentrum Mallorcas, frühstücke, beobachte ich die Senioren, die sich an den Tischen um mich herum niedergelassen haben. Die meisten diskutieren – nach spanischer Art – lautstark, und gestikulieren wild, andere hören einfach nur zu. Obwohl ich fließend Spanisch spreche, kann ich ihre Gespräche nicht verstehen, denn sie sprechen Mallorquín, einen Dialekt des Katalanischen, der nur hier, auf den Balearen, gesprochen wird.

Die Männer in diesem Café mögen um die 80 Jahre alt sein und sind damit in etwa zu Beginn der Diktatur geboren. Auch Katalanisch war damals – wie Baskisch – verboten. Sie sind also mit dem Verbot des Mallorquíns groß geworden und doch sitzen sie hier und nutzen diese Sprache so lebendig? Was passierte hier nach dem Ende der Diktatur?

1977 wurde zunächst ein Amnestiegesetz erlassen, durch das die Verbrechen der Diktatur ungestraft blieben und in dessen Folge es zu einem Tabu wurde, über Franco und seine Diktatur zu sprechen. Das hat die Aufarbeitung der Geschichte erheblich erschwert. Erst in den letzten Jahren ist die Gesellschaft in Bezug auf dieses Thema offener geworden.

Auch was die Sprache angeht, hat man sich geöffnet. 1997 wurde auf den Balearen ein Gesetz zur sprachlichen Normalisierung erlassen, um das Mallorquinische angesichts damals sinkender Sprecherzahlen stärker im öffentlichen Leben zu verankern. Dieses Gesetz stellt dabei nur eine von vielen Möglichkeiten dar, politisch den Werdegang einer Sprache zu beeinflussen. Genauso wichtig scheint auch die Bedeutung einer Sprache für die Bevölkerung selbst zu sein. Ich kann nur vermuten, dass es für die Senioren hier im Café eine Befreiung sein muss, nach jahrelanger Unterdrückung endlich so leben und sprechen zu dürfen, wie sie es wollen. Und vielleicht schwingt im Gebrauch der Sprache noch mehr mit als nur ein Gefühl von Freiheit, vielleicht ist es ein bewusster Versuch, dem Verschwinden ihrer Sprache entgegenzuhalten.

Kehren wir noch einmal kurz zum Baskenland zurück, wo die Situation doch etwas anders ist. Zwar in geringerem Ausmaß, aber auch hier ist die Minderheitensprache fester Bestandteil des öffentlichen Lebens. Mir fällt der Stolz unseres Busfahrers auf, als er uns Auskunft zum Baskischen gibt, und auch, dass die hier übliche Verabschiedung in Geschäften stets „Agur!“ statt „Adiós!“ lautet. Das Baskische wird auch hier als Teil der gemeinsamen Identität betrachtet, allerdings ist der Erwerb der Sprache deutlich schwieriger.

Im Baskenland wie auch in Katalonien spielt die jeweilige Zweitsprache auch an Schulen eine immer größere Rolle. An den baskischen Ikastola ist das Baskische einzige oder primäre Unterrichtssprache. Es unterrichten dort nicht selten Basken, die der Zentralregierung aus Madrid kritisch gegenüberstehen und mit ihrer ablehnenden Haltung als Multiplikatoren wirken. Beim Thema Schule und in Gesprächen mit Basken kommt immer wieder zum Ausdruck, dass Entscheidungen der Zentralregierung als ungerecht empfunden werden. Viele Basken fühlen sich deshalb mehr als Basken als als Spanier und möchten auch als solche bezeichnet werden.

Deutlich wird, dass eine Sprache nicht nur Kommunikationsmittel ist. Sie ist darüber hinaus immer auch Ausdruck von Machtverhältnissen, persönlichen Einstellungen und Lebenswelten, dem Wunsch nach einer gemeinsamen Identität. Aus diesem Grund ist für mich die Beschäftigung mit einer Sprache immer schon interessant und wichtig gewesen, besonders in einem mehrsprachigen Land wie Spanien, in dem auch das friedliche Zusammenleben miteinander letztlich vom Umgang mit seinen Sprachen abhängt.

Wie auch immer die politischen, persönlichen und historisch bedingten Motivationen für den Gebrauch und das Überleben einer Sprache aussehen, in jedem Fall sind das Kastilische, das Baskische, das Katalanische und das Galicische einzigartige Sprachen, die es zu schützen gilt – im Sinne der Vielfalt der Menschen und Kulturen in dieser Welt. Spanisch ist also nicht gleich Spanisch, es ist definitiv viel mehr als das!

Die Sprachen Spaniens

Das Spanische ...

- heißt auf Spanisch Castellano oder Español
- hat etwa 440 Millionen Muttersprachler, inklusive der Zweitsprachler gibt es 572 Millionen Sprecher
- ist damit die am vierthäufigsten gesprochene Sprache weltweit
- hat die meisten Sprecher in Mexiko, Kolumbien, Spanien und den USA
- ist Amtssprache in Spanien, Äquatorialguinea, den meisten Ländern der Karibik und Nord-, Mittel- und Südamerikas
- ist darüber hinaus anerkannte Minderheitensprache in Marokko und den Philippinen
- ist eine romanische Sprache

Das Katalanische ...

- heißt auf Spanisch Catalán und auf Katalanisch Català
- hat 11,5 Millionen aktive Sprecher
- ist neben dem Spanischen Amtssprache in vier Comunidades Spaniens (Aragón, Balearische Inseln, Katalonien, Valencia) und in Andorra
- wird darüber hinaus in einigen Regionen in Murcia, in Alghero auf Sardinien und im französischen Roussillon gesprochen
- ist eine romanische Sprache

Das Galicische ...

- heißt auf Spanisch Gallego und auf Galicisch Galego
- hat 3,5 Millionen Sprecher
- ist neben dem Spanischen Amtssprache in der spanischen Comunidad Galicien
- etwa zwei Drittel der Galicier geben an, das Galicische hauptsächlich zu verwenden, bis zu 90% verstehen es
- ist eine romanische Sprache

Das Baskische ...

- heißt auf Spanisch Vasco und auf Baskisch Euskara oder Euskera
- hat 1,2 Millionen Sprecher
- ist neben dem Spanischen Amtssprache in den spanischen Comunidades Baskenland und Navarra
- ist eine isolierte Sprache, das heißt, sie ist mit keiner anderen benachbarten Sprache verwandt

Keine leichte Aufgabe – Die spanische Monarchie

Inmitten der Corona-Krise erreichen mich Nachrichten aus Spanien: Tausende von Spaniern haben sich auf ihre Balkone begeben, um dort mit Kochtöpfen Lärm zu machen. Videos zeigen, wie laut es ist: Die permanenten, metallischen Schläge dröhnen in den Ohren, sie kommen von überall her und hallen laut wider in den nächtlichen Gassen der spanischen Städte.

Es ist Ende März 2020, die spanische Bevölkerung befindet sich aufgrund stark ansteigender Infektionszahlen seit Wochen in strenger Quarantäne – im ganzen Land dürfen sich die Menschen nur zu Besuchen bei Ärzten oder im Supermarkt außer Haus begeben. Vor wenigen Tagen verabredeten sie sich auf ihren Balkonen zu einem gemeinsamen Applaus, um dem medizinischen Personal ihres Landes für ihre außerordentlichen Leistungen in dieser Krise zu danken – eine Aktion, die auch Menschen in anderen Ländern inspiriert hatte, das Gleiche zu tun. Jetzt verabredeten sie sich über soziale Netzwerke zu einer erneuten Aktion, die allerdings alles andere als wohlwollend gemeint ist. Der Lärm der Kochtöpfe erklingt nämlich aus Protest, aus Protest gegen die spanische Krone, dessen wichtigster Vertreter, König Felipe VI, zur gleichen Zeit eine öffentliche Ansprache hält. Sein Appell, in dieser Krise stärker denn je als Gesellschaft zusammenzuhalten, hat es schwer, sich gegen den Lärm der Monarchiegegner durchzusetzen. „Was ist da los mit der spanischen Krone?", frage ich mich, und beginne, mich in den royalen Kreisen Spaniens ein wenig umzuschauen.

Obwohl König Felipe VI. erst 2014 bei seiner Krönung eine erneuerte Monarchie versprach, die die Sorgen der Menschen ernst nimmt, hat er es in den letzten Jahren nicht leicht gehabt. Der aktuelle Gegenwind ist nicht der einzige, dem die königliche Familie sich vermehrt entgegenstellen musste. Es ist allerdings sein Vater, der ehemalige König Juan Carlos, der immer wieder Negativschlagzeilen machte. Am bekanntesten ist wohl der Skandal um seine Elefantenjagd in Botswana. Dass das Jagen sein Hobby ist, ist kein Geheimnis, aber dass der damalige König und Ehrenpräsident des WWF sich auch auf die Jagd nach Elefanten begibt, wird erst bekannt, als er sich dabei die Hüfte bricht und zur Notoperation nach Spanien ausgeflogen werden muss. Der Titel des Ehrenpräsidenten wird ihm vom WWF später aberkannt, das Ansehen der spanischen Monarchie jedoch hat unwiderruflich gelitten: Man kritisiert Juan Carlos aus moralischen und aus finanziellen Gründen – sein teurer Jagdausflug fällt schließlich in die Zeit einer ausgewachsenen Wirtschaftskrise in Spanien.

Hinzu kommen Vorwürfe, Juan Carlos sei seiner Frau, Königin Sofía, untreu gewesen; es wird vermutet, dass diese ihn bei seiner Abdankung verließ und seitdem alleine lebt. Angebliche uneheliche Kinder forderten einen Vaterschaftstest – vergeblich. Auch in Sachen Korruption und Steuerhinterziehung hat der ehemalige König mehrfach Grund für Spekulationen gegeben, zuletzt vor nicht allzu langer Zeit, als ihm vorgeworfen wurde, dass er 2008 vom saudischen König Schmiergelder in Millionenhöhe für den Bau einer Bahnstrecke von Medina nach Mekka durch spanische Unternehmen erhalten haben soll. Brisant ist dabei, dass sein Sohn Felipe als weiterer Begünstigter in einer Stiftung auftaucht – daher auch die aktuellen Proteste. Dass dieser sich von den Vorwürfen distanziert, seinem Vater Juan Carlos den Unterhalt streicht und auf sein Erbe verzichtet und darüber hinaus Juan Carlos ins Exil geht, ist für viele Spanier offensichtlich ein zu kleines Trostpflaster. Sie fordern, das Geld für einen wohltätigen Zweck zu spenden.

Die Kritik an Juan Carlos und seinem Sohn Felipe ist im Kontext einer größeren Debatte um die Zukunft der Monarchie in Spanien zu sehen. Dass Spanien eine parlamentarische Monarchie ist, ist in der Verfassung festgelegt. Darüber hinaus argumentieren die Befürworter dieser Staatsform, dass der König ein wichtiges Symbol für die Einheit des Staates darstellt. Im Gegensatz zum politischen Personal des Außenministeriums ist er ein Diplomat, der fest und unerschütterlich über einen langen Zeitraum hinweg das Land nach außen hin vertritt.

Nicht nur Prestige, auch gefestigte internationale Beziehungen können daraus erwachsen.

Darüber hinaus ist die Tradition der spanischen Könige eine sehr lange. Die berühmteste aller spanischen Hochzeiten, die von Isabella de Castilla und Fernando de Aragón im Jahre 1469, verband zwei Königreiche zu einem einzigen, nämlich Kastilien, und legte damit den Grundstein für das heutige Spanien. Der erste König des vereinten Spaniens war der im Jahre 1500 geborene Carlos I., der mit 19 Jahren bereits König wird, später dann als Kaiser das gesamte Heilige Römische Reich regierte. Noch heute ist sein Wappen – im Speziellen die darin enthaltenen Säulen des Herakles – die Grundlage für das Wappen Spaniens. Die beiden Säulen symbolisieren die geographische Lage Spaniens an der Meerenge von Gibraltar und enthalten ein Band mit der Aufschrift „Plus Ultra“ – ein Wahlspruch, der so viel bedeutet wie „darüber hinaus, immer weiter“ und auf die Erfolge Spaniens in Bezug auf die Eroberung Lateinamerikas anspielen.

Und wenn wir schon beim Wappen sind... Auch die anderen Elemente haben eine besondere Bedeutung. Die Königskrone thront über den Wappen der einzelnen historischen Königreiche Spaniens: Kastilien (das goldene Kastell auf rotem Grund), León (der rote Löwe auf silbernem Grund), Aragón (vier rote Pfähle auf goldenem Grund), Navarra (goldene Ketten auf rotem Grund) und Granada (grünblättriger Granatapfel). Das Herzschild in der Mitte zeigt drei goldene Schwertlilien auf blauem Grund und repräsentiert damit das Familienwappen der Bourbonen.

Den Bourbonen kommt insofern eine große Bedeutung in der royalen Vergangenheit Spaniens zu, als dass seit dem 16. Jahrhundert stets Angehörige zweier Adelshäuser das Land regierten: Zunächst die Habsburger, dann – bis heute – die Bourbonen. Der erste Bourbone auf dem Thron war Namensvetter des heutigen Königs Felipe: Seit 1700 regierte Felipe V., zumindest wenn er nicht außer Landes war. Dann übernahm seine Frau das Zepter – eine absolute Neuheit in der Geschichte Spaniens!

Die spanische Krone erlebte in der Folgezeit allerdings immer wieder Erschütterungen. Eine weitere Frau, Isabella II., regierte von 1833 bis 1868 als erste offizielle Königin das Land, allerdings nicht ohne

Gegenwehr – auch damals schwächelte die Monarchie. Aufgrund von Unruhen im Land wuchs ihr Sohn in Paris, Genf und Wien auf, wurde aber aufgrund der hohen Dringlichkeit bereits mit 17 als Alfonso XII. zum König gekrönt. Auch er zeugte Nachwuchs, verstarb jedoch noch vor der Geburt seines Sohnes Alfonso XIII im Jahre 1886. Seine Ehefrau Maria Cristina musste deshalb das Land regieren, bis ihr Sohn alt genug war.

Die dann folgende Amtszeit des Alfonso XIII. ist bedeutsam, denn die Geschicke des Landes wurden in ganz neue Bahnen gelenkt. Spanien hatte erst 1898 im Spanisch-Amerikanischen Krieg die letzten Überseekolonien verloren, intern gab es Uneinigkeiten und Dispute, denn Kommunisten und Sozialisten forderten die Abschaffung der Monarchie. Tatsächlich wurde Alfonso XIII. bei Beginn der Zweiten Republik 1931 als König abgesetzt und zur Verhaftung ausgeschrieben – auch deshalb, weil er wenige Jahre zuvor zugelassen hatte, dass General Primo de Rivera eine Militärdiktatur errichtete.

Es ist sein Enkel, der Juan Carlos, den wir heute kennen, der später dann vor der schwierigen Aufgabe steht, die Tradition der Monarchie auch bis ins späte 20. und frühe 21. Jahrhundert zu tragen. Die Tatsache, dass er noch während der Diktatur von Francisco Franco höchstpersönlich zu seinem Nachfolger auserkoren wurde, machte es ihm nicht unbedingt einfach. Tatsächlich sorgte Franco bereits früh für seine militärische und universitäre Ausbildung, wohl im Bewusstsein, dass das Auf und Ab des 20. Jahrhunderts eine Kontinuität brauchte, die nur ein König liefern könnte. Immerhin erlebte das Land von der Monarchie über die Republik und zwei Diktaturen in dieser Zeit mehrere Wechsel seiner Staatsform.

Juan Carlos wurde König, nachdem Franco 1975 an Herzversagen starb. In der Folge nutzte er ausreichend Gelegenheiten, um seine eigentlichen demokratischen Überzeugungen zu beweisen: Er brachte Spanien auf den Weg zur Demokratie, nicht zuletzt durch seinen Einsatz im Februar 1981, als er sich bei einem Putschversuch des Militärs auf die Seite der demokratischen Regierung stellte – obwohl er selbst die Uniform eines Generals trug.

Trotz dieser wichtigen Rolle des Königs in der Vergangenheit erheben Gegner der Monarchie ihre Stimmen: Es sei nicht mehr zeitgemäß und sogar antidemokratisch, die Krone zu vererben. Die Skandale der Königsfamilie schädigten das Image des Landes in der Welt und es sei auch nicht fair, dass der König Immunität genieße. Die Monarchie sei außerdem zu teuer, das spanische Königshaus zu wenig transparent. Tatsächlich konnte man über die Kosten der Hochzeit des jetzigen Königs Felipe mit Letizia im Jahre 2004 nur spekulieren, denn konkrete Zahlen wurden nie genannt.

Dass moderne Könige es schwer haben, sieht man auch in anderen Ländern, in denen Monarchen mit dem richtigen Umgang mit den Medien kämpfen. Sie sollen ein Symbol darstellen, gleichzeitig aber auch keine Statue sein, sondern fassbare Individuen, Mitmenschen, die sich als König „zum Anfassen" in die Mitte des Volkes begeben. So manch ein Spanier legt große Hoffnung auf Prinzessin Leonor, die noch nicht volljährig ist, als Thronfolgerin aber bereits ihren ersten öffentlichen Auftritt hatte. Es bleibt abzuwarten, wie und ob sie die schwierige Aufgabe, die bereits jetzt auf ihren Schultern lastet, irgendwann meistern kann – und will.

Die spanische Königsfamilie

Juan Carlos wurde nach dem Tod des Diktators Francisco Franco im Jahre 1975 zum König gekrönt. Im Jahre 2014 übernahm sein Sohn Felipe die Krone von seinem Vater.

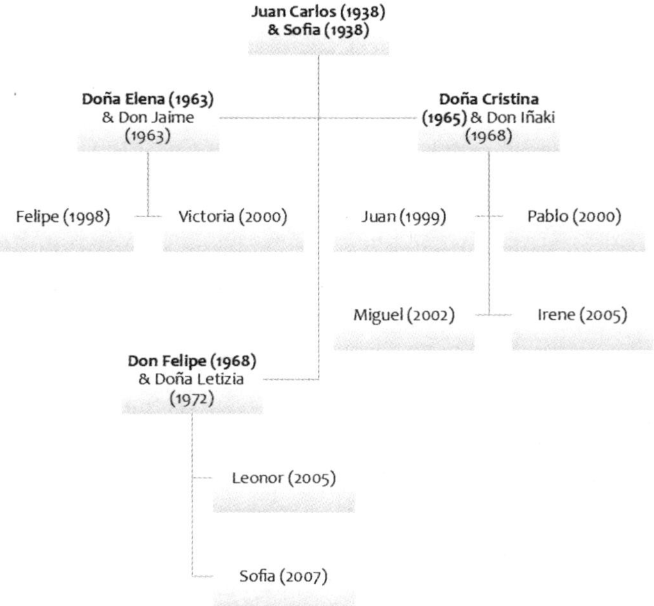

Viva la fiesta – Feste feiern in Spanien

Wir begeben uns in diesem Kapitel auf eine Reise durch den spanischen Kalender, genauer gesagt auf eine Reise durch die Volksfeste und Feiertage, die in Spanien während eines Jahres gefeiert werden. Wir betreten dabei berühmte Orte, die im hohen Norden genauso wie im tiefsten Süden des Landes liegen. Es geht meist bunt und laut, manchmal aber auch ruhig und bedächtig, bisweilen feucht-fröhlich und sogar matschig, gelegentlich auch lecker und musikalisch zu – aber egal wie genau, stets wird mit großer Leidenschaft gefeiert.

Wir beginnen – wie könnte es anders sein – im Januar, und zwar im politischen und geographischen Zentrum Spaniens, in Madrid. Natürlich wird das neue Jahr überall in Spanien gefeiert, aber an der Puerta del Sol, dem riesigen, zentralen Platz in der Hauptstadt, versammeln sich jedes Jahr an Silvester Tausende von Menschen vor dem ältesten Gebäude des Platzes, der Casa de Correos aus dem 18. Jahrhundert. Um Mitternacht schauen sie gebannt hoch zur Uhr des Glockenturms und warten darauf, dass sie auf 12 springt, denn dann kann das Ritual der Weintrauben endlich beginnen. Wer es ernst meint – und das sind wirklich alle – steckt sich jetzt zu jedem der 12 Glockenschläge eine Weintraube in den Mund und wird dann hoffentlich in den darauf folgenden 12 Monaten Glück haben. Wer nicht persönlich in Madrid erscheinen kann, betrachtet einfach das Bild der Uhr im Fernsehen, denn es wird seit 1962 in ganz Spanien übertragen.

Man ist sich nicht ganz einig, woher die Tradition der 12 Weintrauben stammt: Möglicherweise gibt es sie, seitdem Bauern in Alicante 1909 einen Überschuss an Trauben ernteten, den sie im Rahmen einer Werbekampagne dann als glücksbringende Trauben verkauften. Vielleicht ist das Ritual auch älter und man hatte es sich bereits Ende des 19. Jahrhunderts von der Pariser Oberschicht abgeguckt, die an Silvester gerne Champagner mit Weintrauben zu sich nahm. Mittlerweile wird so jedenfalls nicht nur in Spanien, sondern auch an einigen Orten in Lateinamerika das neue Jahr eingeläutet.

Nach dem Verzehr der Weintrauben wird gefeiert, was das Zeug hält – meist gemeinsam mit Freunden auf zentralen Plätzen und Straßen, bis weit in den Morgen hinein, wenn die ersten Bars öffnen und man das beliebteste spanische Frühstück zu sich nehmen kann: *Chocolate caliente con churros*. Es handelt sich dabei um frittierte Gebäckstangen, die in ein dickflüssiges Schokoladengetränk getunkt werden. Ich empfehle, dieses Frühstück unbedingt einmal zu probieren. Aber Achtung: Machen Sie nicht denselben Fehler wie ich und bestellen sich *chocolate*, wenn Sie eigentlich nur einen Kakao *(Cola Cao)* trinken möchten! Trinken ist in diesem Fall nämlich nicht möglich – die Schokolade ist so dickflüssig, dass sie eher gelöffelt wird.

Reisen wir von Madrid aus in den Süden Spaniens, ins kleine, wunderschöne, weiße Cádiz, das auf einer Landzunge im Atlantik liegt und bei spanischen Touristen und Kreuzfahrern aus der ganzen Welt beliebt ist. Dort findet alljährlich im Februar ein elftägiges Karnevalsfest statt, das gemeinsam mit dem auf Teneriffa und dem in Águilas (Murcia) zu den bekanntesten in Spanien zählt: Man verkleidet sich in bunten Kostümen und auf der Straße singen Chöre die traditionellen *Chirigotas* – satirische, sozialkritische Volkslieder. Der Karneval hier wurde wahrscheinlich vom Karneval in Venedig inspiriert, einer Stadt, mit der Cádiz im Spätmittelalter aufgrund seines bedeutsamen Hafens enge Handelsbeziehungen unterhielt. 1937, während des Spanischen Bürgerkriegs, wurde der Karneval in Cádiz verboten, allerdings nur, bis er 1948 zur Aufmunterung der Bevölkerung, nach der Explosion einer nahegelegenen Mine, wieder eingeführt wurde.

Etwa 600 Kilometer Luftlinie entfernt, ebenfalls an der Küste, liegt Valencia. Auch hier geht es bunt zu wenn im März die berühmten Fallas stattfinden. Haushohe, bunte Figuren aus Pappe, Holz und Pappmaschee transportieren satirische Botschaften und kommentieren das aktuelle Geschehen im Land. In einer Art Wettstreit beauftragt jedes Stadtviertel Handwerker und Künstler mit der Erstellung einer eigenen, der allerschönsten Figur. Die Menschen kleiden sich in aufwändigen, kostspieligen Gewändern, über 300 Musikkapellen wandern musizierend durch die Stadt, täglich finden Feuerwerke statt, die das bunte Programm der einzelnen Stadtviertel begleiten. Höhepunkt des Festes ist schließlich die Verbrennung der *Fallas* genannten Figuren, darunter auch eine 14 Meter hohe Holzstatue der Heiligen Jungfrau, die auf einem zentralen Platz Valencias steht und deren Kleid aus fast 50 Tonnen Blumen gesteckt wird.

Weniger spektakulär, sondern sehr viel ruhiger und bedächtiger geht es im April während der Semana Santa zu; die Osterwoche, die am Palmsonntag beginnt, ist allerdings nicht weniger wichtig. Im Gegenteil: Die Kirchengemeinden müssen sich keine Sorge um fehlende öffentliche Aufmerksamkeit machen, wenn sie die Figuren von Maria und Josef aus ihren Kirchen holen und durch die Straßen tragen. Kein Wunder, denn über 90 Prozent der Spanier sind katholisch.

In Sevilla halten sich zeitweise bis zu einer Million Touristen in der Stadt auf, um den Feierlichkeiten zur Erinnerung an das Leiden, den Tod und die Auferstehung Christi beizuwohnen. Zwischen Palmsonntag und Ostersonntag ziehen dort etwa 60 sogenannte Bruderschaften durch die Stadt. Wichtiger Bestandteil der jeweiligen Umzüge sind die Nazarenos - Büßer, die anonym bleiben sollen und deshalb lange Roben mit spitzen Kapuzen tragen, die das Gesicht verdecken. Farben und Dekorationen variieren je nach Bruderschaft. Diese besondere Kleidung erinnert an die Kleider des Ku Klux Klan, hat jedoch mit diesen nichts gemeinsam: Bei den religiösen Prozessionen im Süden Spaniens ging es ursprünglich um öffentliche Geißelungen zur Vergebung der Sünden. Den Nazarenos folgt ein Altar, der auf den Schultern von 40 bis 50 Trägern liegt und eine Szene aus der Leidensgeschichte Christi abbildet. Auf einem zweiten Altar wird, mit einem Baldachin bedeckt, ein Bildnis der Jungfrau Maria getragen. Der Weg der religiösen Gemeinschaften führt von ihrer jeweiligen Gemeinde zur Kathedrale von Sevilla und kann damit bis zu 8 Stunden dauern.

In Sevilla sind die Prozessionen der Semana Santa so populär, dass sie von unzähligen Einheimischen und Touristen am Straßenrand verfolgt werden. Man nimmt hier großen Anteil am Geschehen und verstummt aus Respekt, sobald die Figuren vorbeigetragen werden. Besonders nachts verströmen die Umzüge durch die in der Dunkelheit leuchtenden Kerzen eine besondere, bisweilen geheimnisvolle Atmosphäre. Während die Teilnahme an den Prozessionen ursprünglich nur Männern vorbehalten war, nahmen in den letzten Jahren zunehmend auch Frauen teil.

Ein weiteres religiöses Fest begeistert Tausende von Pilgern, ebenfalls im Süden Spaniens, zu Pfingsten: die Romería von El Rocío. El Rocío ist ein kleines andalusisches Dorf am Rande des Nationalparks Doñana, der bekannt ist für die große Artenvielfalt der Wasservögel, die in seinen Sümpfen leben. Auch hier verehrt man ein Bildnis der Jungfrau Maria, das man vom Altar der Eremitage von El Rocío nimmt und durch die verschiedenen Stadtteile trägt. Wichtiger Teil des Geschehens ist aber auch die zuvor stattfindende Pilgerreise der andalusischen Bruderschaften, die den Weg nach El Rocío teils zu Fuß, teils auf dem Rücken von Pferden oder in Pferdekarren zurücklegen. Ihr Weg dauert zwischen ein und sieben Tagen, übernachtet wird häufig unter freiem Himmel.

Begeben wir uns nun vom Südwesten Spaniens in den äußersten Nordosten, nach Pamplona. Dort finden jedes Jahr im Juli die weit über die Grenzen Spaniens hinaus bekannten Sanfermines statt. Was diese Feier für die Stadt bedeutet, lässt sich an den leuchtenden Augen unseres Begleiters erkennen, der uns durch die Altstadt Pamplonas führt. Sergio ist hier geboren und erklärt mit Begeisterung: „Die Sanfermines sind sehr wichtig für uns, für die ganze Stadt. Wir feiern zu Ehren unseres Schutzheiligen San Fermín. Er wird in einer Prozession durch die Straßen getragen." „Auch hier also", denke ich, „das ist eigentlich ja nichts Besonderes, oder?"

Als könnte Sergio meine Gedanken lesen, spricht er weiter: „Eigentlich spielt dieser Heilige aber nicht so eine große Rolle wie die *gigantes* und die *cabezudos*, das sind Riesen und Figuren mit großen Köpfen, die durch die Straßen tanzen und gerne kleine Kinder mit Schaumstoffknüppeln hauen. Und natürlich die Stiere, das sind die eigentlichen Protagonisten dieses Festes. Kommt mit, ich zeig euch mal was."

Wir gelangen an eine Stelle, von der aus man hinab auf einige flache Gebäude blicken kann. „Das da unten sind die Ställe der Stiere", erklärt Sergio, „sie werden von dort durch die Straßen von Pamplona getrieben, bis hin zur Stierkampfarena, an jedem einzelnen Tag zwischen dem 6. und dem 14. Juli." Als wir weiter in Richtung Stadtzentrum gehen, sehen wir in den Schaufenstern Fotos von Stieren, die durch die engen Gassen laufen, um die Tiere herum ein Gewimmel von weiß gekleideten Menschen mit roten Halstüchern.

„Die Stiere legen auf dem Weg zur Stierkampfarena eine Strecke von 875 Metern zurück – und das in nur drei Minuten. Es erfordert besonderen Mut, neben oder sogar vor den Stieren mitzulaufen, und da es bergauf geht, ist das so anstrengend, dass die Läufer nur kürzere Abschnitte zurücklegen können. Nicht selten ist das trotzdem ein gefährliches Unterfangen: Während sie versuchen, möglichst nah an die Stiere heranzukommen, fallen einige von ihnen im Gewirr der Menschen und Tiere hin; nur wer dann regungslos liegen bleibt und die Stiere über sich hinweg springen lässt, riskiert nicht, auf die Hörner genommen zu werden – denn Stiere reagieren vor allem auf Bewegungen."

Als er uns von den Gefahren erzählt, wirkt Sergio so kompetent, als spräche er aus eigener Erfahrung. „Bist du etwa selbst schon mitgelaufen?", frage ich erstaunt. Ich meine, auch ein wenig Stolz in seinem Blick zu erkennen, als er nickt und lächelt: „Ja, aber da war ich jung. Gottseidank ist nichts passiert." Er erklärt, dass beim sogenannten Encierro bisher 16 Menschen ums Leben gekommen sind – seitdem 1922 die ersten Daten vorliegen.

„Und wie geht es dann mit den Stieren weiter?", wollen wir von Sergio wissen. „In der Stierkampfarena angekommen, warten die Stiere auf den abendlichen Kampf mit den Toreros, der für sie meist tödlich endet." Er erzählt noch, dass das besondere Ereignis des Encierros, für das ganz Pamplona Kopf steht, ursprünglich aus der einfachen Notwendigkeit entstanden ist, die Tiere von den größeren Ställen vor den Toren der Stadt zur Stierkampfarena im Zentrum zu treiben. Viele Pamplonicos reservieren sich für etwa 50 Euro pro Person, inklusive Frühstück, einen Platz auf einem Balkon, von dem aus sie bequem das Stiertreiben beobachten können. Wer das einmal erleben will, muss schon früh buchen, denn die Balkone direkt an der Strecke sind schon weit im Voraus ausgebucht.

Wer im Juli vom vielen Feiern noch nicht müde geworden ist, sollte sich Ende August in die Kleinstadt Buñol (Valencia) begeben. Die Bevölkerung wächst dann von 9.400 Einwohnern auf

40.000 Menschen an – während der sogenannten Tomatina. Seit den 1940er Jahren bewerfen sich hier die Teilnehmer – mit Taucherbrillen und Handschuhen ausgerüstet – mit 125 Tonnen überreifer Tomaten in der weltgrößten Essensschlacht, die dafür sogar im Guinness-Buch der Rekorde steht. Für die Sicherheit der Teilnehmer ist gesorgt: Die wichtigste Regel der Tomaten-Party lautet nämlich, dass die Tomaten vor dem Werfen zerdrückt werden müssen. Wenn nach ein bis zwei Stunden der zweite Kanonenschuss ertönt, darf keine Tomate mehr geworfen werden. Das klingt erst mal verrückt ... und ist es auch, zumal niemand den Ursprung dieser matschigen Tomatenschlacht kennt.

Bleiben wir vor dem Ende unserer Reise in der Nähe Valencias, in einer autonomen Gemeinschaft, in der ebenfalls Katalanisch gesprochen wird: Katalonien. In vielen Städten und Dörfern werden während zahlreicher Volksfeste die sogenannten Castells gebaut. Es handelt sich dabei um Menschenpyramiden, für die die Turmbauer (*castellers*) aufeinander steigen und dabei mehrere Etagen bilden; die höchsten möglichen Türme bestehen aus 10 Etagen mit jeweils 3 oder 4 Personen pro Etage. Die Beschreibung der unterschiedlichen Turmformen liest sich dabei fast wie eine eigene Wissenschaft. Tatsächlich finden alljährlich Wettkämpfe statt, für die das ganze Jahr über geübt wird. Es verwundert daher auch nicht, dass die Castells seit 2010 zum Weltkulturerbe der UNESCO gehören. Auch wenn die hohen Türme immer wieder mal in sich zusammenbrechen, sind erst drei Todesfälle seit dem 19. Jahrhundert dokumentiert. Der letzte von ihnen ereignete sich erst 2006. Es war dabei ein unglücklicher Zufall, dass das Tragen von Schutzhelmen für die oberen Positionen in den Pyramiden zu diesem Zeitpunkt bereits beschlossen, aber noch nicht eingeführt war. Wer auf seiner Reise durch Tarragona kommt, sollte sich unbedingt das hier errichtete *Monument als Castellers* anschauen, das die Struktur eines Castellers eindrucksvoll veranschaulicht.

Natürlich wird das Kalenderjahr mit einem Fest beschlossen, das man nicht nur in Spanien, sondern in allen christlich geprägten Ländern dieser Welt feiert: Weihnachten. Das spanische Weihnachten ist aber insofern besonders, als dass es bereits mit der Auslosung der Weihnachtslotterie am 22.12. beginnt. Die Lotterie gilt als die größte der Welt, der Hauptgewinn El Gordo („der Dicke") fällt dementsprechend umfangreich aus und umfasst meist mehrere Millionen Euro. Da häufig Zehntellose an eine Gemeinde oder Firma verkauft werden, passiert es nicht selten, dass sich ein ganzes Dorf oder die Belegschaft einer Firma über einen dicken Gewinn freuen kann. Am 24. Dezember trifft man sich dann, wie in Deutschland, mit der Familie zu einem Abendessen. Klassische Gerichte: Gefüllter Truthahn, Lammfleisch, Turrones, Marzipan und Polvorones – kleine, bröckelige Kuchen aus Mehl, Schmalz und Zucker.

Spanische Kinder müssen sich allerdings ein wenig länger als die deutschen Kinder auf die Geschenke freuen: Die Bescherung findet traditionellerweise erst am 6. Januar statt, nachdem die Ankunft der Heiligen Drei Könige am Abend zuvor gefeiert wurde. In der letzten Zeit passt man sich jedoch immer häufiger an den internationalen Brauch an, demzufolge der Weihnachtsmann die Geschenke bereits an Heiligabend bringt. In einigen Regionen Spaniens existieren übrigens diesbezüglich noch andere Geschichten: Im Baskenland beispielsweise ist eine mystische Figur namens Olentzero der Überbringer der Geschenke.

Eines dürfte während der Reise durch die Monate des Jahres deutlich geworden sein: Die spanische Landschaft der Feste ist so bunt und vielfältig wie Spaniens Geschichten, Traditionen und Mythen. Wer gerne feiert, der dürfte in Spanien einmal mehr das perfekte Urlaubsziel gefunden haben – fragt sich nur, in welchem Monat...

Ausgewählte spanische Feste

- **Januar**
  Neujahr
  Heilige Drei Könige
  San Antón (Madrid)

- **Februar**
  Karneval
  Las Candelas (Almendralejo, Extremadura)
  Las Aguedas (Zamarramala, Kastilien und León)

- **März**
  Fallas (Valencia)
  Semana Santa

- **April**
  Feria de Sevilla
  Moros y Cristianos (Alcoy, Valencia)
  Sant Jordi

- **Mai**
  Romería von El Rocío
  Los Patios de Córdoba
  Fiesta de San Isidro (Madrid)
  Feria del Caballo (Jerez de la Frontera)

- **Juni**
  La noche de San Juan
  Batalla de vino (Haro, La Rioja)
  Sanjuanes (Coria, Extremadura)

- **Juli**
  Rapa das Bestas (Galicien)
  Sanfermines (Pamplona)
  La Tomatina (Buñol)
  Virgen del Carmen
  Festival de la Sidra (Asturien)

- **August**
  Feria de Málaga
  Boloencierro (Mataelpino, Madrid)
  Semana Grande de Bilbao

- **September**
  Festival Internacional de Cine de San Sebastián
  Fiesta del Vino (Valdepeñas, Kastilien-La Mancha)
  Día Nacional de Catalunya

- **Oktober**
  Festa do Marisco (O Grove, Galicien)
  El Pilar (Zaragoza, Aragón)

- **November**
  Fiesta de Todos los Santos
  Fiesta do Magosto (Ourense, Galicien)
  Santos Inocentes

- **Dezember**
  Weihnachten

Falsche Freunde, lustige Redewendungen und Lieblingswörter – ein Spaziergang durch die spanische Sprache

Spanisch ist die am vierthäufigsten gesprochene Sprache weltweit – und liegt damit direkt hinter Englisch, Mandarin und Hindi. Ihre Verbreitung in der Welt ist vor allem in der Kolonialgeschichte Spaniens begründet. Was dieser Sprache aber sicherlich auch zu Berühmtheit verholfen hat, ist die Tatsache, dass sie – im Vergleich zu anderen Sprachen – relativ leicht zu lernen ist. Sie ist offizielle Amtssprache in 21 Ländern und dementsprechend vielfältig. Darüber hinaus wird sie in unzähligen weiteren Ländern von Mutter- und Zweitsprachlern gesprochen. Für mich ist sie vor allem eines... einfach schön!

Dass das Spanische relativ leicht zu lernen ist, ist erst mal eine gute Nachricht für alle, die es nicht als Muttersprache beherrschen. Allerdings muss ich zugeben, dass es auch eine ganze Menge unglücklicher Fallen gibt, in die man als Lerner tapsen kann – von Wörtern mit lustigen Doppelbedeutungen über die besonderen Herausforderungen der spanischen Aussprache bis hin zu unzähligen falschen Freunden.

Falsche Freunde? Ganz genau – sie gaukeln einem nämlich vor, dass Spanisch eigentlich ganz einfach ist: Ein *balón* ist doch sicher ein „Ballon", *bravo* bedeutet „brav" und ein *regalo* ist ganz bestimmt ein „Regal". Oder etwa nicht? Leider ist es nicht ganz so einfach, denn die vermeintlichen Freunde sind eben keine richtigen, sondern falsche Freunde: *Balón* bedeutet übersetzt „Ball", während der deutsche „Ballon" auf Spanisch *globo* heißt. *Bravo* heißt „mutig" und „tapfer" und nicht „brav", was auf Spanisch *bien educado*, *bueno* oder *serio* heißt. Wer einem „toro bravo" über den Weg läuft, begegnet also keinem braven, sondern einem ziemlich gefährlichen Stier! Auch wer auf dem Weg zu einer Geburtstagsfeier gefragt wird, ob er an das *regalo* gedacht hat, muss sich nicht wundern, denn es geht hier lediglich um ein „Geschenk" – das deutsche „Regal" heißt auf Spanisch *estantería.*

Und es wird noch bunter. Stolpern könnte man nämlich auch über Wörter, die im Spanischen eine doppelte Bedeutung haben. Spanische Polizisten beispielsweise haben immer gleich mehrere Ehefrauen, die sie auch noch mit auf die Arbeit bringen, denn *esposas* sind auf Deutsch übersetzt sowohl die „Handschellen" als auch die „Ehefrauen". Ich hoffe nicht, dass die historische Entwicklung dieser Doppeldeutigkeit einen tieferen Sinn hatte.

Genauso interessant erscheint mir die doppelte Bedeutung des Wortes *papa* – in Lateinamerika und auf den kanarischen Inseln steht es für die „Kartoffel", während es in seiner großgeschriebenen Variante den Papst höchstpersönlich bezeichnet. Ob es dem einen oder anderen Lateinamerikaner nun komisch vorkäme, den Papst persönlich anzusprechen?

Noch heikler wird es für diejenigen, die in Spanien und Lateinamerika reisen, und zwar mit dem Bus. Während es in Spanien geradezu normal ist, *coger el autobús* zu sagen, sollte man in Lateinamerika lieber *tomar el autobús* sagen, denn *coger* hat sexuelle Konnotationen. Apropos „Bus" – die vermeintlich eindeutige Bezeichnung dieses Verkehrsmittels wird in einigen Regionen mit *guagua* (kanarische Inseln, Kuba, Puerto Rico, Dominikanische Republik), *camión* (Mexiko), *colectivo* (Argentinien, Bolivien, Ecuador, Peru) oder anderen Begriffen ersetzt.

Und wenn wir gerade beim lateinamerikanischen Spanisch sind – es unterscheidet sich noch in anderen Punkten vom Festlandspanisch. Allen Unterschieden voran steht der Gebrauch der dritten Person Plural (*Ustedes*) anstelle der in Spanien gebräuchlichen zweiten Person Plural (*vosotros*) für eine Gruppe von Personen, die wir im Deutschen mit „ihr" anreden würden. Auch grammatikalische Zeiten werden unterschiedlich eingesetzt; so nutzen Lateinamerikaner das in Spanien häufig gebrauchte Perfekt für Erzählungen in der Vergangenheit nur selten. Darüber hinaus werden in Spanien die beiden Laute z und c wie in Zaragoza oder Barcelona in Spanien gelispelt, also wie das englische th ausgesprochen – in Lateinamerika nicht.

Besonderen Spaß hat mir immer schon die Beschäftigung mit Redewendungen gemacht: Nicht nur sind manche von ihnen einfach lustig, sondern sie laden auch dazu ein, über die Entwicklung von Sprache und unsere Konzepte für bestimmte Begriffe und Gefühle nachzudenken. Warum sind wir beispielsweise im siebten Himmel, wenn wir verliebt sind, und nicht im achten oder neunten – und das sowohl auf Deutsch als auch auf Spanisch? Die Redewendung, dass Liebe „blind macht", leuchtet da schon mehr ein, auch wenn es auf Spanisch *el amor ES ciego* heißt – „Die Liebe *ist* blind". Wer als Deutscher seine bessere Hälfte endlich gefunden hat, kann stolz sein und darf diese dann in Spanien ohne schlechtes Gewissen als „seine Orangenhälfte" bezeichnen, denn auf Spanisch heißt diese Redewendung *encontrar su media naranja*.

Feine Unterschiede zwischen deutschen und spanischen Redewendungen gibt es viele. Besonders unterhaltsam sind jene, die durch kulturell unterschiedliche Bedeutungen entstehen, die wir Tieren und Nahrungsmitteln zuschreiben. Wen es in Deutschland „nicht die Bohne interessiert", der bekommt es in Spanien mit dem „Pfeffer" (*pimiento*) zu tun, denn hier heißt es *no me importa un pimiento*. Während in Deutschland dem Adler besonders gute Augen nachgesagt werden, lobt man jemanden in Spanien eher damit, das Sehvermögen eines Luchses zu haben (*tener vista de lince*). Wer schnell Angst bekommt, ist in Deutschland eindeutig ein Angsthase – in Spanien wäre er allerdings ein ängstliches Huhn (*ser una gallina*).

Manche – deutschen wie spanischen – Sprichwörter vermitteln aufgrund der durch sie evozierten Bilder besonders einleuchtend ihre Bedeutung. Wer zum Beispiel – ganz nach dem Motto „Reden ist Silber, Schweigen ist Gold" nicht gerne den Mund aufmacht, versteht beim Gebrauch des spanischen Sprichwortes vielleicht besser, warum: *En boca cerrada no entran moscas* (In einen geschlossenen Mund gelangen keine Fliegen.). Sollte Ihnen übrigens gelingen, sich diese Redewendungen auf Spanisch zu merken, ziehe ich meinen Hut, denn ihre Beherrschung ist Zeichen für ein besonders hohes Sprachniveau.

Wer ein ernstes Interesse daran hat, Spanisch zu lernen, sollte sich auch beim Instituto Cervantes umschauen. Die 1991 vom spanischen Staat gegründete gemeinnützige Organisation hat es sich zum Ziel gesetzt, die spanische Sprache und die Kulturen spanischsprachiger Länder zu fördern und zu verbreiten. Benannt ist sie natürlich nach

Spaniens bekanntestem Schriftsteller, Miguel de Cervantes, der 1605 den *Don Quijote* veröffentlichte – jene Parodie auf die üblichen Ritterromane seiner Zeit, in der der Protagonist Don Quijote mit seinem Knappen und Mitstreiter Sancho Panza durch die Mancha Zentralspaniens zieht und Abenteuer besteht, um das Unrecht der Welt zu bekämpfen. Das berühmteste Abenteuer ist sicherlich sein Kampf gegen die Windmühlen.

Das Instituto Cervantes gibt es an fünf deutschen und 70 weiteren Standorten weltweit. Wer mag, kann dort das Sprachdiplom DELE ablegen. Das Kulturinstitut veranstaltet jährlich den sogenannten Día E, ein Tag, der voll und ganz der spanischen Sprache gewidmet ist. Im Rahmen dieses Tages verraten spanischsprachige Stars & Sternchen regelmäßig ihre Lieblingswörter – das von Shakira ist beispielsweise *melifluo* („honigsüß"), Antonio Banderas liebt das Wort *alegría* („Freude"), Isabel Allende hingegen mag den *espíritu* („Geist, Mut").

Auch ich habe Lieblingswörter – und diesmal sind es keine falschen Freunde, sondern echte: *Marbella* zum Beispiel klingt für mich unheimlich schön, obwohl ich an diesem Ort an der südspanischen Küste noch nie gewesen bin. Das Wort *naranja* erinnert mich an Orangenbäume auf den nächtlichen Straßen Sevillas und den süßen Orangenwein, den man in den Kneipen dort trinken kann.

Manche Lieblingswörter finden wir, weil sie uns im Laufe der Zeit zufällig über den Weg laufen. Das Wort *mariposa* („Schmetterling") ist so eines: Es ist der spanische Begriff für „Schmetterling" und klingt schön, irgendwie geheimnisvoll. Darüber hinaus taucht es aber auch im Namen einer Kurzgeschichte auf, die mich nachhaltig beeindruckt hat: „La lengua de las mariposas" („Die Zunge der Schmetterlinge") vom galizischen Schriftsteller Manuel Rivas. Sie erzählt vom Leben des Jungen Moncho kurz vor Ausbruch des spanischen Bürgerkriegs (1936-39), der erlebt, wie geliebte Personen aus seinem Umfeld von Faschisten verhaftet werden, weil sie republikanische Ansichten vertreten. Darunter ist auch sein Lehrer, der ihm die Angst vor der Schule genommen hat und mit dem er gemeinsam im Laufe der Geschichte winzige Details der Natur – wie auch die „Zunge der Schmetterlinge" – entdeckt.

Mariposa, *naranja* und auch der Name des Schriftstellers, *Rivas* – diese Wörter können uns Deutschen schon mal zu schaffen machen, denn die Aussprache des r muss geübt werden. Ein Trick ist, den Buchstaben *r* im Wort „Brötchen“ durch ein *d* zu ersetzen und dieses Wort dann immer wieder laut aufzusagen: *Bdötchen, Bdötchen, Bdötchen* ... Wer dabei seine Geschwindigkeit steigert, wird feststellen, dass aus dem *bd* leicht ein gerolltes *r* wird, das ein Gefühl davon vermittelt, wie sich das gerollte *r* im Spanischen anfühlt. Eines gibt es allerdings noch zu bedenken: Das doppelte *r* in *torre* („Turm“) oder *perro* („Hund“) wird stärker gerollt als das *r* in *bravo* („mutig“) oder *pero* („aber“), bei dem die Spitze der Zunge nur kurz den vorderen Teil des Gaumens anschlägt, also nicht lange dort vibriert.

Ein wenig leichter, aber noch wichtiger zu wissen, ist, dass das doppelte *l* in spanischen Wörtern nicht als *l*, sondern als *j* ausgesprochen wird. Der Name „Malle“ für Mallorca ist also schon deshalb nicht ganz richtig, weil es eigentlich [majorka] lautet. Die „Straße“ ist demnach also die [kaje] (*calle*) und der „Stuhl“ die [sija] *silla*. Achtung, das *h*, zum Beispiel in *hola* („hallo“) wird nie gesprochen und taucht ein *g* vor den Buchstaben *e* oder *i* auf, wie zum Beispiel im Wort *genial*, wird es wie das *ch* im deutschen Wort „Bach“ ausgesprochen!

Wer diese Feinheiten beherrscht, darf mit Recht behaupten, die größten Herausforderungen der spanischen Aussprache gemeistert zu haben. Darüber hinaus ist nämlich alles recht einfach: Die meisten Wörter werden im Spanischen so ausgesprochen, wie sie geschrieben werden. Versuchen Sie es doch einfach mal mit ein paar einfachen Floskeln wie ...

Hola, me llamo...	Hallo, ich heiße ...
¡España [espanja] es genial [chenjal]!	Spanien ist toll!
¡Ya hablo un poco de español [espanjol]!	Ich spreche schon ein bisschen Spanisch!

Spanische Redewendungen

Diese Redewendungen ähneln ihren deutschen Entsprechungen ...

... sehr:

Spanisch	Deutsch
Parecerse como un huevo al otro.	Sich gleichen wie ein Ei dem anderen.
Levantarse con mal pie.	Mit dem falschen Fuß aufstehen.
No es oro lo que reluce.	Es ist nicht alles Gold, was glänzt.
Tirar la toalla.	Das Handtuch werfen.

... ein wenig:

Spanisch	Wörtliche Übersetzung	Deutsch
A caballo regalado no le mires el diente.	Einem geschenkten Gaul schaut man nicht auf den Zahn.	Einem geschenkten Gaul schaut man nicht ins Maul.
Más vale pájaro en la mano que buitre volando.	Der Vogel in der Hand ist mehr wert als ein fliegender Geier.	Lieber den Spatz in der Hand als die Taube auf dem Dach.
Matar dos pájaros de un tiro.	Zwei Vögel mit einem Schuss töten.	Zwei Fliegen mit einer Klappe schlagen.
A buen hambre no hay pan duro.	Bei großem Hunger ist kein Brot zu trocken.	In der Not frisst der Teufel Fliegen.

... überhaupt nicht:

Spanisch	Wörtliche Übersetzung	Deutsch
Ser uña y carne.	Wie Nagel und Fleisch/ Nagelbett sein.	Wie Pech und Schwefel sein.
Hay gato escondido.	Es gibt einen versteckten Kater.	Etwas ist im Gange/ verdächtig.
Tener un humor de perros.	Die Laune eines Hundes haben.	In schlechter Stimmung sein.
Es pan comido.	Das ist gegessenes Brot.	Das ist ein Kinderspiel.

Liebe, Leiden, Leidenschaft – Banditen, Schriftsteller und Stierkämpfer in Andalusien

Er hatte von Anfang an gewusst, dass er hier, an diesem Ort, sterben würde. Dass das Tageslicht, das ihn auf seinen ersten Schritten in die Höhle von Solpalmillo hinein begleitete, das letzte war, das seine Augen erblicken würden. 60 Jahre – das war ein stolzes Alter für ein solch bewegtes Leben. Die Polizisten der Guardia Civil, die die Höhle umstellt hatten, waren so entschlossen wie die Kugeln, die ihn in Brust und Bauch trafen, kurz bevor er den letzten Atemzug tat.

So oder so ähnlich hat es sich wohl zugetragen, als Juan Mingolla Gallardo alias Pasos Largos am 18. März 1934 starb. Er war einer der letzten großen Bandoleros, der berüchtigten Straßenräuber, die die Bergwelt Andalusiens mit ihren Überfällen unsicher machten. Der Legende nach mussten sich nur Reiche vor ihnen fürchten, denn mit den Armen teilten sie stets ihre Beute. Ob dies der Wahrheit entspricht, ist allerdings unklar: Nicht selten gaben Schriftsteller den Geschichten der Bandoleros einen romantischen Anstrich, machten sie zu spanischen Robin Hoods. Noch heute feiert man sie, zum Beispiel, wenn die Bewohner des andalusischen Bergdorfes Grazalema sich jedes Jahr im Oktober während der Fiesta de los Bandoleros im Outfit der Räuber von damals präsentieren. In Ronda erinnert ein Museum an Gallardo und andere seiner berühmt gewordenen Kollegen. Dokumentiert ist dort ebenfalls, dass es auch Banditen der übleren Sorte gab – solche etwa, die Waren schmuggelten und ohne Rücksicht auf Verluste handelten, aus Spaß am Abenteuer und ganz ohne Angst vor den Gefahren.

Bandoleros gab es auch außerhalb Andalusiens, doch wer durch die kurvigen Straßen des Naturparks Sierra de Grazalema fährt, kann sich vorstellen, dass es gerade in diesem Teil Spaniens genügend Verstecke für die Bandoleros gab. Das Hinterland Andalusiens ist hier, zwischen Sevilla, Málaga und Algeciras, von hohen Gipfeln und tiefen Tälern geprägt. Kurvige Straßen winden sich durch schroffe Gebirgszüge, vorbei an den typischen Merkmalen von Karstlandschaften: Dolinen – das sind Vertiefungen in der Oberfläche, die durch die Lösung des Gesteins oder den Einbruch unterirdischer Hohlräume oder Schichten entstehen – und Poljen – wannen- oder beckenartige, ringsum geschlossene Hohlformen, die mehrere Kilometer lang und breit sein können.

Immer wieder führt die Straße vorbei an steilen Abhängen und tiefen Schluchten mit bis zu 400 Meter hohen Wänden. Weiter oben in den Bergen bestimmt die Spanische Tanne das Bild. In niedrigeren Höhen überwiegen Steineichen mit Mastixsträuchern, Majuelos und Dornginster. Dazu: Über 1.300 verschiedene Blumenarten, von denen fast 50 auf der iberischen Halbinsel endemisch sind. Auch einige Säugetiere bewohnen die abgelegenen, felsigen Gebiete dieses wunderschönen Naturparks, unter ihnen der Iberiensteinbock, Ichneumone, Otter, Steinmarder, Ginsterkatzen, Dachse und – in den Höhlen – auch Fledermäuse. In der Luft lässt sich der ein oder andere Gänsegeier, Schmutzgeier und Habichtsadler sichten.

Biegt man von der Sierra de Grazalema in Richtung Süden ab, gelangt man in den Naturpark Los Alcornocales, wo nicht mehr Kalkstein, sondern vor allem Sandstein die Felslandschaften dominiert. Hier wächst ein weiterer, ganz besonderer Baum, der diesem Naturpark seinen Namen gegeben hat: *Alcornocal* heißt nämlich, auf Deutsch übersetzt, Korkeichenwald; der Name steht in diesem Fall für Europas größten Korkeichen-Naturschutzpark. Wer durch die weiten Wälder, zwischen den unzähligen dunkelrot bis braun leuchtenden Stämmen entlangfährt, kann sich vorstellen, dass hier in Andalusien etwa 30 Prozent der weltweiten Produktion von Korken stattfindet. Die hier besonders häufig und gut wachsenden Korkeichen stehen zwischen einem Unterholz aus Heide, Zistrosen, Myrtengewächsen, Farnen und Gras. Die auffällige Rinde der immergrünen Laubbäume wird alle 9-14 Jahre geschnitten – und zwar genau dann, wenn sie mindestens 30 Millimeter dick ist.

Unter den Kork- und Steineichen, die auch außerhalb des Naturparks große Teile der Landschaft Andalusiens und auch Extremaduras bestimmen, grast eine weitere Berühmtheit der Region: das iberische Schwein. Es ernährt sich von herabgefallenen Eicheln sowie von Wurzeln, Kräutern und Kleintieren. Genau dadurch entsteht der besondere, nussige Geschmack des sogenannten Jamón Ibérico de bellota (*bellota* bedeutet „Eichel“). Diese teuerste Variante des Jamón Ibérico unterscheidet sich damit von anderen Sorten, für deren Produktion die Schweine spezielles Futter bekommen, aber nicht freilaufend in den Korkeichenwäldern gehalten werden. Iberische Schweine haben übrigens dunkle Haut und schwarze Beine – im Gegensatz zu den hellen Hausschweinen, aus denen der ebenfalls bekannte spanische Jamón Serrano hergestellt wird. Für beide Sorten von Schinken werden die Hinterkeulen in Meersalz gepökelt. Nach einigen Tagen wird das restliche Salz entfernt und das Fleisch getrocknet, in aufwändigen Verfahren, unter der strengen Aufsicht eines Schinkenmeisters. Luftfeuchtigkeit und Temperatur werden dabei so angepasst, dass das Salz den Schinken gleichmäßig durchdringen kann. Nach einer Reifezeit von neun bis zehn Monaten – bei besonders hochwertigem Schinken sogar deutlich länger – kann er dann verzehrt werden.

Wer im Hinterland Andalusiens, insbesondere in den Bergen der Sierra de Grazalema, unterwegs ist, wird auch auf die typischen *Pueblos Blancos* treffen – „weiße Dörfer“, deren schmale, verwinkelte Gassen von weiß gekalkten Häusern flankiert werden, ähnlich denen in Nordafrika. Von den Phöniziern und Römern gegründet, wurden sie von den andalusischen Mauren zwischen dem 8. und 15. Jahrhundert weiterentwickelt. Die vielen Blumentöpfe, die häufig die Mauern der Häuser schmücken, bilden einen hübschen Kontrast zum makellosen Weiß der Fassaden.

Das weiße Dorf Grazalema eignet sich als Ausgangspunkt für Wanderungen; von Arcos de la Frontera, dem größten der weißen Dörfer, bieten sich tolle Weitblicke über die Landschaft. Auch Ubrique hat sich einen Namen gemacht, denn das Dorf pflegt eine lange Tradition des Lederhandwerks; nicht nur Dior und Chanel, auch andere Firmen lassen hier ihre Lederwaren herstellen. Zu den schönsten Dörfern gehören außerdem Olvera, Setenil de las Bodegas und Zahara de la Sierra – aber das ist sicherlich auch nur eine ganz persönliche Einschätzung, denn hübsch sind alle Dörfer, die zur *Ruta de los pueblos blancos* gehören.

Auch Ronda liegt ganz in der Nähe, erfreut sich immer größerer Popularität und ist mittlerweile zu einer Kleinstadt mit über 33.000 Einwohnern angewachsen. Das Besondere hier: Seine spektakuläre Lage auf einem Felsplateau inmitten der hügeligen Landschaft der Serranía de Ronda. Besonders beeindruckend ist ein Spaziergang über die im 18. Jahrhundert erbaute Steinbrücke Puente Nuevo. Sie überspannt die tiefe Schlucht El Tajo und bietet Ausblick auf die weißen Häuser Rondas, die sich an den Abhang der Steilwände klammern.

Ronda wurde als Siedlung der Kelten gegründet und später von den Römern übernommen. Zur Zeit der arabischen Herrschaft Spaniens regierten die Mauren dort – also jene Berberstämme Nordafrikas, die im Laufe des 7. bis 10. Jahrhunderts nach Christus von den Arabern islamisiert wurden und maßgeblich an der Eroberung der Iberischen Halbinsel beteiligt waren. Ihre Einflüsse sind noch heute im Stadtbild erkennbar, zum Beispiel im ehemaligen maurischen Königspalast Casa del Rey Moro, in den arabischen Bädern oder auch im Palacio Mondragón, der als Sitz maurischer Herrscher erbaut und trotz späterer Veränderungen noch maurische Elemente wie die Doppelfenster über dem Portal und die Innenhöfe besitzt. Ähnlich wie in der Moschee-Kathedrale von Córdoba errichteten Christen nach dem Ende der muslimischen Herrschaft an der Stelle der ehemaligen Moschee Rondas die Kirche Santa María la Mayor, in deren Innerem bis heute einige maurische Elemente erhalten geblieben sind.

Ronda und seiner Umgebung kam während der arabischen Herrschaft in Al-Andalus eine besondere Bedeutung zu, nämlich während der Rebellionen der Muladíes. Muladíes sind nicht-arabische Muslime oder Nachfahren von zum Islam konvertierten Andalusiern. Diese waren entweder freiwillig oder als Sklaven konvertiert – oder gehörten schlicht und einfach, weil sie in Andalusien geboren waren, dem Islam an; bereits im 10. Jahrhundert nach Christus traf dies auf die Mehrheit der Andalusier zu. Immer wieder betrachteten Muladíes die Araber als fremde Eindringlinge, als Kolonialherren, und zettelten Revolten an. Die bekannteste dieser Revolten wurde von Umar ibn Hafsun angeführt, dessen Familie aus der Gegend von Ronda stammte. Nachdem er und seine Söhne zum Christentum konvertiert waren, verlor er allerdings mehr und mehr Anhänger, damit auch seine Macht und später sogar seine Heimat, als die Hafsun-Familie ins Exil getrieben wurde.

Ronda scheint in seiner späteren Geschichte berühmte Persönlichkeiten magisch anzuziehen: Madonna drehte hier in den 90er Jahren ein Musikvideo und die Schauspielerin Ava Gardner lebte zeitweise in dieser Stadt. Der US-amerikanische Schauspieler, Regisseur und Autor Orson Welles war so beeindruckt von der Stadt, dass er wünschte, man solle seine Asche auf einem Landgut fünf Kilometer außerhalb der Stadt begraben. An ihn erinnert noch heute ein Denkmal vor der Stierkampfarena Rondas. Auch Rainer Maria Rilke verbrachte einen Winter in der Stadt und hinterließ Spuren: Im Garten des Hotels „Reina Victoria" wurde ihm zu Ehren ein Denkmal errichtet und eine Straße, die Avenida Poeta Rilke, ist nach ihm benannt.

Der bekannteste Anhänger der Stadt ist allerdings wohl Ernest Hemingway, der in seiner Reportage „Gefährlicher Sommer" über den sagenhaften Zweikampf zwei berühmter spanischer Stierkämpfer berichtete: Antonio Ordóñez und Luis Miguel Dominguín. Mit Ordóñez, der aus Ronda stammte, verband ihn eine Freundschaft und das große Interesse für den Stierkampf, das Hemingway auch in seine Arbeit einfließen ließ. In seinem 1932 erschienenen Essay „Tod am Nachmittag" geht es um die Geschichte und Bedeutung des Stierkampfes, um das Leben und Sterben berühmter Toreros. Erst 1926 hatte Hemingway außerdem seinen ersten Roman mit dem Titel „Fiesta" veröffentlicht, dessen Handlung zum Teil während des Stiertreibens und der Stierkämpfe in Pamplona spielt.

Hemingway wird wohl häufiger Gast in der berühmten Stierkampfarena von Ronda gewesen sein. Sie ist gut erhalten, eindrucksvoll – ein Besuch lohnt sich, nicht zuletzt, weil sie eine der ältesten und schönsten Arenen Spaniens ist. Stierkämpfe finden dort allerdings nur noch einmal im Jahr statt. Die *Plaza de Toros* von Ronda wurde zwischen 1783 und 1789 gebaut und wird häufig als „Wiege des modernen Stierkampfes" bezeichnet, denn dort kämpfte neben Hemingways Freund Ordóñez ein weiterer bedeutender Torero:

Pedro Romero. Er und frühere Generationen seiner Familie entwickelten im 18. und 19 Jahrhundert die sogenannte „Ronda-Schule" des Stierkampfes, in deren Tradition auch heute noch gekämpft wird. Dazu zählen zum Beispiel der Gebrauch des Tuches und bestimmte Posen des Toreros.

Aber wie läuft eigentlich ein klassischer Stierkampf ab? Zu Beginn präsentiert sich der Torero mit seinem Team, der sogenannten *Cuadrilla.* Dazu zählen zwei *Picaderos*, die den Stier später von ihren Pferden aus mit Lanzen verwunden sowie drei *Banderilleros*, die das Gleiche zu Fuß und mit kleineren, geschmückten Lanzen tun. *Torero* darf der Stierkämpfer sich allerdings erst nennen, nachdem er eine Ausbildung von etwa vier Jahren durchlaufen und Kämpfe als *Novillero* gegen jüngere Stiere bestritten hat. Kämpft er in Spanien, muss er mindestens 16 Jahre alt sein, in Mexiko hingegen darf noch früher gekämpft werden.

Der eigentliche Kampf wird in drei Drittel aufgeteilt, deren Ablauf komplexen, genau festgelegten Regeln folgt und im Laufe derer der Stier verwundet wird, bis er am Ende vom Torero mit einem Degen getötet wird. Dieser trägt außer dem Degen auch ein dunkelrotes Tuch mit sich, auf das die Stiere nicht aufgrund seiner Farbe (sie können nämlich die Farbe Rot nicht erkennen) sondern nur aufgrund seiner Bewegungen reagieren. Die typische Musik, der Paso doble, begleitet den Kampf an mehreren, genau fest gelegten Stellen.

An einem Abend werden so sechs Toros Bravos von drei Toreros getötet. Toros Bravos, das sind spanische Kampfrinder – eine Rasse, die speziell für die Stierkämpfe gezüchtet wird. Dass das Ganze nicht nur eine bedeutungsvolle Tradition, sondern auch einen beträchtlichen Umsatz bringt, zeigen die Zahlen: In Spaniens 425 Stierkampfarenen werden durch die rund 1.500 Stierkämpfe jährlich etwa 1,5 Milliarden Euro eingenommen. Für sechs Stiere werden bis zu 150.000 Euro an die Zuchtbetriebe gezahlt, von denen es allein in Spanien um die 1.500 gibt.

Woher die Tradition des Stierkampfes kommt, ist übrigens nicht ganz klar: Sie findet erste Erwähnung in Quellen aus dem 11. Jahrhundert und könnte im Mittelalter in Form von Ritterspielen zum Zeitvertreib der Ritter stattgefunden haben. Möglicherweise dienten aber auch die Tierhetzen der Antike dem Stierkampf zum Vorbild. Ein weiterer möglicher Ursprung wird bisweilen in der militärischen Ausbildung von Adeligen gesehen, die mit einem lebendigen Stier – möglichst real – den Ernstfall proben sollten. Der moderne Stierkampf entwickelte sich jedenfalls erst etwa gegen Ende des 18. Jahrhunderts. Durch den Einfluss Spaniens in Lateinamerika finden auch dort Stierkämpfe statt.

Der Stierkampf ist wohl nach wie vor ein stereotypes Charakteristikum, das uns Deutschen als eines der ersten einfällt, wenn wir danach gefragt werden, was Spanien und seine Kultur ausmacht. Ob dieses Bild von Spanien noch aktuell ist, ist allerdings zu bezweifeln. In den letzten Jahrzehnten ist der Stierkampf in Spanien zu einem heiß debattierten Thema geworden: Seine Gegner lehnen ihn als moralisch verwerfliche Tierquälerei ab. Dem Argument, dass dem Tier die Gelegenheit gegeben wird, um sein Leben zu kämpfen, setzen sie entgegen, dass Stier und Matadero keinen gleichwertigen Kampf führen, denn die Menschen seien in der Überzahl und manipulierten den Stier bis hin zu ihrem Sieg. Für die Verfechter des Stierkampfes steht hingegen die lange Tradition im Vordergrund. Für sie ist der Stierkampf eine Form des kulturellen, künstlerischen Ausdrucks, der andere Formen der Kunst inspiriert und nährt – darunter Literatur, Theater, Oper, Lyrik, Tanz, Malerei, Musik und Kino.

Der künstlerische bis philosophische Aspekt des Stierkampfes ist wohl der, der Hemingway am meisten interessierte. Ihn faszinierte, wie nah der Torero dem Tod kommt – der Stierkampf beinhalte somit den Moment des Lebens und des Todes zugleich, er berge Gefahren, denen der Matadero mit Mut und Würde begegne. Es bleibt fraglich, ob diese Einstellung in Zukunft auch von der Mehrheit der Spanier getragen werden wird. Der Stierkampf schwächelt, so viel steht fest: Schaut man sich aktuelle Umfragen an, lehnen mittlerweile bis zu 60 Prozent der Spanier den Stierkampf ab. Trotz der tiefen Spaltung der spanischen Gesellschaft in Bezug auf dieses Thema – oder gerade deshalb – bleibt er wohl noch ein wenig länger identitätsstiftendes Element der spanischen Kultur – genau wie die Heldengeschichten der Bandoleros, die wunderschönen weißen Dörfer des andalusischen Hinterlandes und die Tradition des Jamón Ibérico.

Top 10 Aktivitäten in Andalusien

1. **Die Sierra de Grazalema durchfahren** – Die weiten Korkeichenwälder im hügeligen Hinterland Andalusiens erkunden.

2. **Durch Ronda spazieren** – Auf den Spuren Hemingways und berühmter Stierkämpfer wandeln.

3. **Die Pueblos Blancos besichtigen** – Die hübschen weißen Dörfer auf der Ruta de los Pueblos Blancos erkunden.

4. **Die Strände Andalusiens genießen** – An der Costa de la Luz (am Atlantik), der Costa del Sol (rund um Málaga), der Costa Tropical (südlich von Granada) und der Costa de Almería schwimmen oder einfach nur in der Sonne entspannen.

5. **Sevilla, Granada und Córdoba besichtigen** – Maurische Paläste, eindrucksvolle Kirchen und andere historisch wertvolle Gebäude in den Altstädten dieser wunderschönen Städte bewundern.

6. **In der Sierra Nevada Ski fahren** – Bis weit in den April hinein ist dies möglich, einmal im Jahr sogar in Bikini und Badehose!

7. **Eine Flamenco-Aufführung in Sevilla besuchen** – Ganz offiziell in einer der größeren Shows oder in kleinerem Rahmen in einer der Bars im Stadtviertel Triana.

8. **Einen Tagesausflug nach Gibraltar machen** – Rote Telefonzellen und freilebende Affen in der britischen Enklave aufspüren.

9. **In einem arabischen Hamam die Seele baumeln lassen** – Massage, Peeling und Rasur sind inklusive!

10. **Im Nationalpark Doñana wandern** – Die unberührte Natur genießen und seltene Vogelarten entdecken.

Studiert werden kann später – Mit dem Erasmusstipendium nach Spanien

Der Titel dieses Kapitels kommt nicht von ungefähr, sondern, um genau zu sein, aus meinen Erfahrungen als Erasmusstipendiatin in Sevilla. Natürlich wird während eines Semesters an einer ausländischen Uni auch studiert, aber für manch einen rückt der akademische Nutzen zunächst zugunsten der persönlichen – nennen wir es „Weiterentwicklung“ – in den Hintergrund. Warum es wert ist, diesem Thema ein eigenes Kapitel dieses Buches zu widmen? Weil Spanien das beliebteste Zielland deutscher Studenten ist: Mehr als 6.000 Studierende gehen jedes Jahr mit dem Erasmus-Programm dorthin, um zu studieren oder ein Praktikum zu absolvieren. Damit liegt Spanien noch vor Frankreich und Großbritannien.

Aber was ist eigentlich das Erasmus-Programm? Es handelt sich dabei um ein 1987 ins Leben gerufenes Programm der Europäischen Union, durch das die Mobilität von Studierenden, jungen Erwachsenen und Dozenten erhöht werden soll, um so die grenzüberschreitende Zusammenarbeit innerhalb Europas zu fördern. Teilnehmer erhalten eine finanzielle Unterstützung von monatlich bis zu 500 Euro für ein Studium, 700 Euro für ein Praktikum bei Aufenthalten von 3 bis 12 Monaten, etwaige Studiengebühren an der Partneruni werden erlassen. Der Name des Programms ist übrigens ein Akronym für „**EuR**opean Community **A**ction **S**cheme for the **M**obility of **U**niversity **S**tudents“, soll aber auch an Erasmus von Rotterdam, einen Humanisten der Renaissance, erinnern.

Nachdem das Erasmus-Programm zu Beginn nur 11 Mitgliedsstaaten der EU berücksichtigte, sind heute 33 Programmländer beteiligt. Seine Reichweite ist enorm: Es ist das weltweit größte Förderprogramm von Auslandsaufenthalten an Universitäten. In über dreißig

Jahren förderte es mehr als 4.400.000 Studierende, darunter rund 650.000 aus Deutschland.

Dass es sich um ein sehr beliebtes Programm handelt, merke ich schnell nach meiner Ankunft in Sevilla. Auf der Suche nach einem WG-Zimmer treffe ich auf viele andere Erasmus-Studenten, die allesamt am liebsten eine rein spanische Wohngemeinschaft gefunden hätten. Doch das Hoffen ist in vielen Fällen umsonst, diese Plätze sind längst vergeben und so lande ich, wie auch andere, in einer bunt gemischten, internationalen WG. Ich sollte bald feststellen, dass das äußerst spaßig, für meine Spanischkenntnisse aber wenig zuträglich war, denn meine Mitbewohner studieren Wirtschaft, Sozialwissenschaften und Mathematik, kein Spanisch. Für sie ist es leider allzu verlockend, für die schnelle Alltagskommunikation auf Englisch auszuweichen.

Wenn es nicht nur der sprachliche Zugewinn ist, was genau motiviert so viele Studierende in ganz Europa eigentlich dazu, am Erasmus-Programm teilzunehmen? Sicherlich erleichtern die finanzielle und administrative Unterstützung den Zugang zu einer Universität im Ausland. So wird es auch sozioökonomisch benachteiligten Studierenden ermöglicht, im Ausland zu studieren. Was den persönlichen Zugewinn angeht, hat sich gezeigt, dass ein Auslandsaufenthalt während des Studiums die späteren Karrierechancen deutlich steigert, denn Absolventen mit Auslandserfahrungen haben nach ihrem Abschluss sehr viele bessere Aussichten auf einen Job als nicht-mobile Studierende. Trotz der beschriebenen Schwierigkeiten verbessern sich auch die Fremdsprachenkenntnisse der Studierenden während des Auslandsaufenthaltes – logisch, eine Sprache lernt sich eben viel leichter, wenn man voll und ganz von ihr umgeben ist.

Hinter dem Erasmus-Programm steckt natürlich noch eine ganz andere Idee, nämlich die der Stärkung des europäischen Zusammenhalts. Und tatsächlich: 83 Prozent der Teilnehmer fühlen sich stark mit Europa verbunden, in der Folge steigt die Wahlbeteiligung: 81 Prozent der Erasmus-Studenten beteiligten sich an der Europawahl 2014 im Vergleich zu einer Wahlbeteiligung von 30 Prozent bei jungen Menschen insgesamt. Auch in Punkto interkultureller Verständigung kommt dem Erasmus-Programm eine besondere Bedeutung zu: 93 Prozent der Erasmus-Studierenden geben an, während des Auslandsstudiums den Wert fremder Kulturen schätzen gelernt zu haben, 33 Prozent von ihnen haben sogar einen Lebenspartner mit einer anderen Nationalität.

Es ist fraglich, ob all diese Vorteile bei der Entscheidung für einen Auslandsaufenthalt eine Rolle spielen. Die meisten wollen wohl einfach eine ganz besondere Zeit erleben. In meinem Fall liegt sie schon fast 15 Jahre zurück, aber noch immer erinnere ich mich an besondere Momente, Bekanntschaften und Begegnungen mit der spanischen Kultur, als wäre es erst gestern gewesen. Dass da das Studium selbst in den Hintergrund rückt, nicht selten zugunsten der legendären Erasmuspartys, die von Studentenvertretungen an Unis speziell für Erasmusstudenten ausgerichtet werden, ist doch mehr als verständlich. Oder etwa nicht?

Wer übrigens an dieser Atmosphäre einmal schnuppern oder in Erinnerungen an die eigene Studentenzeit schwelgen will, dem ist der Film „L'auberge espagnole“ zu empfehlen, auf Deutsch „Barcelona für ein Jahr“. Es geht um einen französischen Erasmusstudenten, der in Barcelona von den Schwierigkeiten der Wohnungssuche, der Kontaktaufnahme zu Spaniern und sprachlichen Verständigung absolut typische Tiefpunkte erlebt, um schließlich in einer internationalen Wohngemeinschaft zu landen und dort die beste Zeit seines Lebens zu verbringen. Natürlich lebt er dabei ganz nach dem Motto „Studiert werden kann später!“, allerdings macht der Film auch deutlich, warum das gerade in dieser besonderen Erasmus-Zeit ausnahmsweise auch mal erlaubt ist.

Das Erasmus-Stipendium

www

- Homepage des Erasmus-Programms: https://www.erasmusplus.de
- Informationen des Bundesministeriums für Bildung und Forschung: https://www.bmfsfj.de/bmfsfj/aktuelles/presse/pressemitteilungen/europa-erleben-und-gestalten-erasmus-bietet-noch-mehr-moeglichkeiten-fuer-austausch-und-begegnung-182652
- Informationen des DAAD (Deutscher Akademischer Auslandsdienst): https://eu.daad.de/infos-fuer-einzelpersonen/foerderung-fuer-studierende-und-graduierte/auslandsstudium/de/
  Informationen der Europäischen Kommission: https://ec.europa.eu/programmes/erasmus-plus/opportunities/individuals/students/studying-abroad_de
- Studie mit Teilnehmerzahlen, Evaluierung von Ziel und Wirkung: "Factsheet: 30 Jahre Erasmus", Download auf der Seite des DAAD

Erfahrungsberichte

- Uni Hamburg: https://www.uni-hamburg.de/internationales/studieren-im-ausland/erfahrungsberichte.html
- Uni Kiel: https://www.international.uni-kiel.de/de/studium-im-ausland/erfahrungsberichte/erfahrungsberichte-zu-auslandsaufenthalten
- TU Dresden: https://tu-dresden.de/studium/im-studium/auslandsaufenthalt

Filmtipps

- *L'auberge espagnole - Barcelona für 1 Jahr.* Regie: Cédric Klapisch. 2003 (Spielfilm) - zwei weitere Folgen heißen Wiedersehen in St. Petersburg und Beziehungsweise New York

Ab in den Urlaub – und nie wieder zurück? Nach Spanien auswandern

Die Schüleraustauschfahrt meiner Schule nach Pamplona beinhaltet stets auch einen Tag in San Sebastián, der Stadt im Norden Spaniens, die wegen ihrer Lage am Atlantischen Ozean, ganz in der Nähe der französischen Atlantikküste, auch gerne von Surfern besucht wird. Wie auch viele andere der nordspanischen Küsten gibt es in der Umgebung rund um San Sebastián optimale Bedingungen zum Surfen: Wind, Wellen, tolle Strände. An einem der drei Stadtstrände, der Playa Zurriola, finden regelmäßig lokale, nationale und internationale Surf-Wettkämpfe statt. Dass an der berühmten Contxa (gesprochen: *kontscha*), dem zentralsten Strand San Sebastiáns, gesurft werden kann, ist aufgrund seiner geschützten Lage in einer Bucht eher selten. *Contxa* ist baskisch und heißt übersetzt „Muschel" – der perfekte Name also für den muschelförmigen, langgezogenen, hell leuchtenden Sandstrand, der direkt an das Stadtzentrum San Sebastiáns angrenzt.

Nach einem gemeinsamen Programm verabschieden wir Lehrer uns von unseren Schülern, die nun ein wenig Freizeit haben. Mit großer Wahrscheinlichkeit werden sie die Shopping Malls der Stadt unsicher machen – anstatt sich die von uns Lehrern empfohlenen Sehenswürdigkeiten anzuschauen. Neben der Altstadt lohnt sich nämlich auch der Besuch des Marktes La Bretxa, der, ganz nach spanischer Tradition, in einer überdachten Markthalle stattfindet. An den Ständen dort gibt es unzählige – für deutsche Augen – exotische Fische zu kaufen oder einfach anzuschauen. Meine Lieblingsstation ist allerdings der Käsestand, denn dort gibt es den typischen Schafskäse und Membrillo, ein Quittengelée – was in dünnen Scheibchen miteinander kombiniert den perfekten Snack ergibt. Um einen guten Überblick über die gesamte Stadt zu bekommen, ist auch ein längerer

Spaziergang entlang der Contxa bis zum äußeren Rand der Bucht lohnenswert. Dort steht, am Fuße des Monte Igeldo, der *Peine del viento*, der Kamm des Windes, der aus mehreren Skulpturen des in San Sebastián geborenen Bildhauers und Zeichners Eduardo Chillida besteht und bei hohem Wellengang vom Wasser umspült wird.

Mein Plan ist heute allerdings, mich mit Robert zu treffen, einem ehemaligen Kollegen, der vor einigen Jahren hierhin ausgewandert ist. Unser Treffpunkt liegt an der Contxa, direkt hinter dem Rathaus, in dem er vor vielen Jahren heiratete. Es ist kein Zufall, dass Robert gerade hierhin, in diese Stadt, auswanderte: Seine Frau stammt aus dem 80 Kilometer entfernten Pamplona, er selbst arbeitete hier vier Jahre lang als Lehrer an der deutschen Schule. Dass er sich in dieser Stadt besonders wohlfühlt, wundert mich überhaupt nicht: Während ich in der Sonne, mit Ausblick auf das glänzende Meer und die prachtvollen, strahlenden Gebäude warte, kann ich mir gut vorstellen, dass das Leben hier eine ganz andere Lebensqualität hat.

Robert lässt mich nicht lange warten. Zusammen gehen wir in die Altstadt, wo sich eine urige Kneipe an die nächste reiht. Das Besondere hier ist die spezielle Form von Tapas, die hier, in dieser Ecke von Spanien, Pintxos genannt werden und auf mehreren Etagen auf den langen Tresen der Kneipen aufgereiht sind. Auf den Servierplatten liegen Kroketten oder kleine Scheiben Baguettebrot, die mit allerlei Köstlichkeiten belegt sind: Geräucherter Lachs, Anchovis, Ziegenkäse, gebratene Paprika, Spargel, Spiegelei, Tortilla, Jamón serrano und Unmengen von Mayonnaise, die dem Genuss überhaupt keinen Abbruch tun ... Lecker!

Wir wählen diesmal allerdings keine der typisch spanischen Stehkneipen, sondern finden einen ruhigen, wunderschönen Innenhof, in dem es sich gemütlich sitzen lässt – Robert im Schatten, ich mit Entzugserscheinungen nach dem langen deutschen Winter in der Sonne. Hier haben wir Zeit, ausführlich über sein Leben als deutscher Auswanderer in Spanien zu sprechen – denn das ist es, was mich besonders interessiert. Ich frage ihn, wie genau er eigentlich zu der Entscheidung kam, hierhin auszuwandern. Er erzählt, dass seiner Frau Teresa und ihm das Baskenland so gut gefällt, dass sie beschlossen, hier ihren Lebensabend zu verbringen. „Darüber hinaus ermöglicht uns die Nähe zu Pamplona, Kontakte und Freundschaften weiterhin zu pflegen", erklärt er, „... und diesbezüglich nicht – mit 68 Jahren – von Null anfangen zu müssen. Da diese Verbindungen bereits seit vielen Jahren bestehen, ist es in gewisser Weise also ein Zurückkehren und kein völliger Neubeginn. Außerdem hat meine Frau mit mir 17 Jahre in Deutschland verbracht und diese gemeinsame Rückkehr war von Anfang an unsere Absicht."

Ich frage ihn, ob er diese Entscheidung je bereut hat. Es folgt ein entschiedenes „Nein". „Aber bestimmt gibt es Schwierigkeiten", will ich wissen, „oder sagen wir mal ... besondere Herausforderungen?" „Natürlich", antwortet er, „der administrative Aufwand ist enorm. Alle Brücken nach Deutschland abzubrechen war schon nicht problemlos, aber sich hier in allen Bereichen niederzulassen, war sehr aufwändig, was Zeit, Geldbeutel und Nerven betreffen. Mehr als einmal haben wir uns gefragt, ob wir wirklich innerhalb Europas umgezogen sind und wie jemand, der nicht, wie Teresa und ich, fließend Spanisch spricht, so manche Situation wohl meistert."

Klar, denke ich, manchmal hängt einem ja bereits der administrative Aufwand des alltäglichen Lebens in Deutschland zum Halse heraus. Ich will wissen, ob es sich denn trotzdem gelohnt hat und frage ihn, was ihm besonders am Leben in Spanien gefällt. Er nickt und beginnt mit großer Überzeugung aufzuzählen: „Die Spontaneität! Die kürzeren und damit weniger tristen Winter. Der öffentliche Nahverkehr: Alle halbe Stunde fährt ein Bus von unserem Dorf ins etwa sechs Kilometer entfernte Stadtzentrum; der Preis für Ortsansässige liegt bei unter einem Euro."

„Bestimmt ist San Sebastián auch eine tolle Stadt, um sich dort niederzulassen?" bemerke ich. Robert nickt: „Besonders gefällt mir die privilegierte geographische Lage der Stadt: Strand und Berge in unmittelbarer Nähe! Außerdem ist das kulturelle Angebot sehr reichhaltig. Abgesehen vom internationalen Film- und Jazzfestival und der Literaturwoche gibt es täglich vielfältige Möglichkeiten, interessante Vorträge und Veranstaltungen zu besuchen; dies zu sehr moderaten Preisen und häufig für Senioren über 55 kostenlos."

Na, das klingt doch, als gäbe es keinen Grund, irgendetwas zu vermissen. Oder etwa doch? Ich frage nach, und natürlich gibt es auch Dinge, die Robert vermisst: „Die Nähe zu meiner Tochter und den Enkelkindern, die Treffen mit alten Freunden. Die Stimmung in Deutschland zur Weihnachtszeit, gemeinsames Singen mit Freunden. Und an manche Dinge hier habe ich mich immer noch nicht gewöhnt." „Ehrlich? Was denn zum Beispiel?", erkundige ich mich.

„Eine gewisse Unverbindlichkeit. Um das zu erklären, sollte man meiner Erfahrung nach zwischen Süd- und Nordspanien unterscheiden. Je weiter man nach Süden kommt, umso spontaner, aber auch unzuverlässiger sind die meisten Spanier verglichen mit Deutschen. Das ist natürlich eine Verallgemeinerung, die mit Vorsicht zu genießen ist... Aber ich habe es so erlebt."

Okay, die spanische Spontaneität ... ich gebe zu, dass auch ich sie schon erlebt habe. Noch etwas? „Spanier sind lieber draußen als zu Hause und sehr gerne als Gruppe unterwegs. Dies wirkt sich unter anderem sehr auf die Art der Gespräche aus. Wenn zum Beispiel sechs Personen gemeinsam von Kneipe zu Kneipe ziehen, wird viel gelacht, man nimmt sich gegenseitig auf den Arm, trifft häufig Verwandte und Bekannte, mit denen auch mehr oder weniger kurz geredet wird ... Die Kneipen sind voll, der Fernseher ist eingeschaltet – in letzter Zeit häufig ohne Ton, so dass stattdessen Musik läuft. Um dies zu übertönen, wird immer lauter geredet, schließlich muss man ja die Schreier der nahen Nachbargruppe übertönen. Es ist also was los, die Stimmung ist super!"

Ich muss lachen und daran denken, wie einst meine spanische Kollegin ihre Schüler während einer Fahrt in der Bonner Regionalbahn wegen ihrer Lautstärke ermahnt hatte: „Shhtt!!! Könnt ihr nicht *einmal* so leise sein wie die Deutschen??" Trotzdem frage ich mich, wie man es dann in der Kneipe überhaupt noch schafft, sich zu unterhalten. Robert erklärt: „Der Inhalt der Gespräche bleibt manchmal an der Oberfläche und manche Themen können bei so viel Stimmung gar nicht angesprochen werden. Nach Hause einzuladen, ist unüblich. Häufig hat man den Eindruck, dass für die meisten Spanier der Privatbereich heilig und unantastbar ist. Dies gilt zum Beispiel auch für Parkbänke oder große Tische in Restaurants: Wo schon einer oder ein Paar sitzt, setzt sich keiner dazu, man fragt auch nicht danach. Glücklicherweise sind einige unserer Freunde diesbezüglich Ausnahmen, so dass wir auch spanische Wohnungen von innen und gute, intensive Gespräche erleben durften."

Dass es bei vielfältigen kulturellen Differenzen zwischen Deutschland und Spanien auch mal schwierig wird, ist logisch. Aber wie gehe ich als Ausländer mit solchen Schwierigkeiten und Unterschieden um? Robert hat dazu einen Tipp: „Man sollte Spanien nicht mit Deutschland vergleichen, vor allem nicht laut. Deutsche haben einerseits den Ruf, *cuadrados* zu sein. Dieses Bild des Quadratschädels umfasst so wenig schmeichelhafte Eigenschaften wie unflexibel, intolerant, übertrieben ordentlich und genau zu sein. Deutschland hat andererseits auch einen sehr guten Ruf in Spanien und wenn unser Land und wir, seine Bewohner, diesem Ruf entsprächen, gäbe es so manche Missstände nicht. Mit der Zeit merkt man, dass viele Spanier im Vergleich zu Mittel- und Nordeuropäern völlig zu Unrecht Minderwertigkeitskomplexe haben. Ein neutral geäußerter, spontaner Vergleich, wie zum Beispiel 'In Deutschland frühstücken wir aber ausführlicher und früher' wird nicht als neutraler Kommentar, sondern als doppelte Kritik empfunden. So macht man sich keine neuen Freunde! Wichtig ist, sich nicht über das, was anders ist, aufzuregen oder sich negativ darüber zu äußern, sondern sich eher anzupassen. Man wird schnell sehr einsam, wenn man häufig besserwisserisch kritisiert."

Natürlich ist es auch wichtig, als Auswanderer Spanisch zu können, denn auf gute Englischkenntnisse kann man sich nicht verlassen: „Ältere Spanier sprechen in der Regel gar keine Fremdsprache, die Jüngeren sprechen eher spanisches Englisch, das heißt, der Akzent ist so stark, dass man kaum etwas versteht und das Vokabular ist so beschränkt, dass eine mögliche Unterhaltung oberflächlich und schwerfällig bleibt. Auch hier gibt es natürlich einige Ausnahmen."

In Zeiten der Globalisierung, in denen man in ein Flugzeug steigt, als betrete man den Linienbus, der einen ins nächste Dorf bringt, kommt es mir manchmal so vor, als sei die Entscheidung, in einem anderen Land zu leben, gar keine große Sache mehr. Das ist in Wahrheit anders, meint Robert: „Es ist sinnvoll, einen solch entscheidenden Entschluss nicht nach zwei oder drei relativ kurzen und schönen Urlauben zu fassen. Die Realität sieht nämlich in vielen Bereichen anders aus als die Erfahrung von einigen Urlauben. Wie ich dir schon erzählt habe, ich habe die Entscheidung zusammen mit Teresa, nach vier Jahren alleine leben in San Sebastián und mit sehr guten Sprachkenntnissen, gefasst. Ich wusste also, was mich erwartet. Vielleicht wäre es sinnvoll für jemanden, der auswandern will, einige Monate dort zu verbringen, wo er später leben möchte ... Das gibt einem die Möglichkeit, sich zu orientieren: Gibt es Einrichtungen, die es mir erlauben, meine Interessen weiterhin zu pflegen und gleichzeitig Anschluss zu finden? Der Schritt auszuwandern ist der Verzicht auf sehr vieles, was einem ein Leben lang vertraut wurde. Es zwingt einen, sich selbst mit manchen bisherigen Selbstverständlichkeiten zu hinterfragen. Es ist die Aufgabe einiger liebgewordener Gewohnheiten."

Verzicht, Zwang, Aufgabe ... „Und was gewinnt man?" frage ich abschließend. Robert antwortet: „Man stellt sich der aus freien Stücken gewählten Herausforderung, mutig einen Neuanfang zu wagen, die so bequeme geistige Sesshaftigkeit aufzugeben und sich noch einmal in Frage zu stellen". Ich staune und finde es unheimlich bewundernswert, dass er einen solchen Entschluss auch in seinem Alter noch gefasst hat.

„Danke, lieber Robert, für deine Offenheit", sage ich. „Und wenn ich schon mal mit einem Experten für das Baskenland spreche, verrate mir doch bitte auch noch, welche deine liebsten Orte hier in der Region sind". „Klar", sagt er und gibt folgende Insider-Tipps: „San Sebastián ist toll, aber auch Navarra, eine der benachbarten Comunidades Autónomas. Sie ist eine relativ kleine Comunidad, die bisher touristisch wenig erschlossen ist. Sie zeichnet sich durch eine erstaunliche Vielfalt in unterschiedlichen Bereichen aus: Natur, Kultur, Gastronomie, Mentalität ... Während man im Norden riesige, flechtenverhangene Buchenwälder findet, in einer Gegend, die *Irati* heißt, trifft man kaum 60 Kilometer südlich auf eine Halbwüste mit bizarren und eindrucksvollen Erdformationen, die sogenannten *Bardenas Reales*. Hier führt der Camino de Santiago durch geschichtsträchtige Orte wie Roncesvalles, Pamplona und viele andere."

Als wir uns verabschieden und er in der strahlenden Sonne in Richtung des Strandes davonzieht, habe ich das Gefühl, dass ich seine Entscheidung, hier zu leben, gut nachvollziehen kann, auch wenn es mit einer Fahrt in den Urlaub nicht zu vergleichen ist. Apropos Urlaub – auch wenn es sich heute ein bisschen so angefühlt hat, befinde ich mich nicht in den Ferien: An der nächsten Ecke wartet schon eine Truppe Schüler auf mich, die mich bereits gesichtet haben. Sie laufen mir ganz enthusiastisch und voll bepackt mit Einkaufstüten von H&M, Zara & Co entgegen und rufen: „Können wir nicht hierbleiben? San Sebastián ist soo toll!" „Ich weiß", denke ich und lache. „Also ich komme auf jeden Fall wieder ..."

Nach Spanien auswandern

Informationen im www

- Beratungsangebot des Bundesverwaltungsamts, Bundesstelle für Auswanderer und Auslandstätige (u.a. Informationen speziell zu Spanien): https://www.bva.bund.de/DE/Das-BVA/Aufgaben/A/Auswanderer_Auslandstaetige/auswanderer_node.html
- Beratung vom Raphaelswerk: https://www.raphaelswerk.de
- Informationsplattform Deutsche im Ausland e.V. (dort auch weitere Informationen zu deutschen Beratungsstellen): www.deutsche-im-ausland.org
- Tipps, Jobangebote, Voraussetzungen, Ratgeber: https://www.auslandslust.de/arbeiten/auswandern/spanien-auswandern/
- Tipps zu Visum, Krankenversicherung, Jobs, Immobilien und mehr: https://auswandern-info.com/spanien

Liebe Leser,

unsere gemeinsame Reise durch Spanien ist schon zu Ende. Wie schön, dass Sie dabei waren!

Sollten auch Sie gute Tipps und Anregungen zum Thema Spanien haben, freue ich mich auf Ihre Mail an hanna@wohingehtdiereise.de. Ich wünsche Ihnen für Ihre eigenen zukünftigen Reisen viel Vergnügen, spannende Erlebnisse und schöne Begegnungen in diesem tollen Land!

¡Que tengan un buen viaje a España!

Hanna Hommes

Danksagung

Im Rückblick haben so viele Menschen zu meinem persönlichen Erleben des Landes Spanien beigetragen, dass ich es kaum glauben kann. Ich bin zutiefst dankbar, dass es euch gibt.

Meine langjährige Freundin Steffi hat mich während der Recherche für dieses Buch mit zusätzlichen Informationen versorgt und mir während meiner Besuche in Spanien mit großer Gastfreundschaft ihr Haus und Herz geöffnet. Auch Lucas hat mir auf Lanzarote eine Heimat gegeben und mich in seinen Freundeskreis aufgenommen, als gehörte ich schon immer dahin. Chris begleitete mich auf Wanderungen und leistete fachmännische Hilfe bei Fragen in Bezug auf den Camino de Santiago. Arantxa und Sergio versorgten mich stets mit vielen, hilfreichen Informationen während unserer Besuche in Pamplona. Christoph half mir als ausgebildeter Sommelier mit einer professionellen Einschätzung und persönlichen Empfehlung zum Thema Wein in Spanien. Janina teilte ihren persönlichen Blick auf Asturien mit mir. Meine Schwester Lena half mir mit ihrem Expertenwissen zur Wasserknappheit in Südspanien. Kamal gab mir wichtige Tipps zum Flamenco. Ein herzliches Dankeschön euch allen dafür!

Einen besonderen Dank möchte ich Robert und Teresa gegenüber aussprechen. Als ich vor über vielen Jahren in ihr kleines Kollegium kam, hätte ich nicht gedacht, dass ich so viel von ihnen lernen und so viel mit ihnen teilen würde. Robert war sofort bereit, von seinen ganz persönlichen Erfahrungen als Auswanderer in Spanien zu berichten und sein immenses Wissen mit mir zu teilen. Seine inhaltlichen Anmerkungen haben dieses Buch sehr bereichert. Mögliche Fehler, Schlussfolgerungen und Bewertungen bleiben natürlich meine eigenen.

Besonders unterstützt in der sprachlichen Arbeit am Buch haben mich Vera und Katharina, die in unermüdlicher Arbeit meine Texte mit ihren schlauen und hilfreichen Korrekturen und Anregungen bereichert haben.

Ohne euch alle hätte mir das Schreiben dieses Buches nicht halb so viel Spaß gemacht!

Gipfel des Teide über den Wolken (Teneriffa)

ick über La Orotava, Teneriffa

Romería auf Teneriffa

Typisch kanarische Balkone aus Holz

Beleuchtete Brücke in Sevilla

istorische Fassade in Sevilla

Caminoteca, Geschäft für Wanderzubehör in Pamplona

livenhaine so weit das Auge reicht, Andalusien

Stierkampfarena in Pamplona

Andalusisches Pueblo blanco (weißes Dorf)

Spielend lebt es sich leichter in Arrecife, Lanzarote

Andalusischer Innenhof

ulkanlandschaft im Timanfaya-Nationalpark, Lanzarote

ap Formentor, Mallorca

Küstenabschnitt in Galicien (Foto: Alberto Gasco, Unsplash)

Kunstwerk von Gaudí im Park Güell, Barcelona (Foto: HyoSun Rosy Ko, Unsplash

Die Einkaufsstraße Gran Vía in Madrid von oben (Foto: Alevision.co, Unsplash)